SOCIÉTÉ ARCHÉOLOGIQUE
DE
RAMBOUILLET

MÉMOIRES ET DOCUMENTS

RELATIFS AU DÉPARTEMENT DE SEINE-ET-OISE

XX

PUBLICATIONS

DE LA SOCIÉTÉ ARCHÉOLOGIQUE DE RAMBOUILLET

INVENTAIRES

DE L'HOTEL DE RAMBOUILLET

A PARIS, EN 1652, 1666 ET 1671

DU CHATEAU DE RAMBOUILLET

EN 1666

ET DES CHATEAUX D'ANGOULÊME ET DE MONTAUSIER

1671

PUBLIÉS PAR

CHARLES SAUZÉ, MAGISTRAT

Pour la Société archéologique de Rambouillet

Avec une Préface de **F. LORIN**, *Secrétaire de cette Société*

N° XX DE SES PUBLICATIONS

———————

TOURS

MPRIMERIE DESLIS FRÈRES

6, RUE GAMBETTA, 6

1894

PRÉFACE

———

Lorsqu'en 1873 le comte de Lescours [1] vendit le château de Salles [2], situé près de la Mothe Saint-Héray [3], il perdit de vue les nombreux papiers de famille qui y étaient réunis. Une partie assez considérable d'entre eux arrivèrent aux mains de notre père [4]. La mort ne lui ayant pas permis de faire connaître les précieux documents qu'il était, à juste titre, fier d'avoir arraché à une destruction certaine, nous considérons comme un devoir de piété filiale d'en entreprendre aujourd'hui la publication.

Nous débutons par trois inventaires de ce célèbre

---

[1] Charles-Junien, marié en janvier 1863 à Marie-Gabrielle-Juliette de Gauvignon de Basonnière, fille de Eugène-François-Augustin et de Thérèse-Delphine Delange de Sandray.

[2] Chatellenie relevant du château de Saint-Maixent, appartint du xIIᵉ au xvIᵉ siècle, à la famille Maintrolle, puis à la famille Gillier. Après le mariage de Louise Gillier avec François de Sainte-Maure, baron de Montausier, elle passa successivement dans celle de Crussol, par le mariage de Marie-Julie de Sainte-Maure avec Emmanuel de Crussol d'Uzès, puis dans celle de Green de Saint-Marsault après le mariage de Antoinette-Catherine-Emmanuelle de Crussol d'Uzès avec Louis-Alexandre-Benjamin Green de Saint-Marsault, et enfin dans celle de Lescours par le mariage de Louise-Henriette-Félicie Green de Saint-Marsault avec Charles-Léon, comte de Lescours, père de Charles-Junien.

[3] Département des Deux-Sèvres.

[4] Jean-Charles Sauzé Lhoumeau, docteur en médecine, maire de la Mothe-Saint-Héray, vice-président du Conseil général des Deux-Sèvres, chevalier de la Légion d'honneur, membre fondateur de la Société de statistique, sciences, lettres et arts du département des Deux-Sèvres, auteur de plusieurs ouvrages de botanique, d'histoire et de géologie, décédé le 10 mars 1889.

hôtel de Rambouillet, qui fut au xvii° siècle le rendez-
vous de l'élite des beaux esprits et dont l'influence a été
prépondérante sur notre littérature durant de longues
années.

Le premier a été dressé en 1652 après le décès de
Charles d'Angennes, marquis de Rambouillet ; le second,
en 1666, après celui de sa veuve, Catherine de Vivonne-
Savelle, la divine Arthénice, et le troisième, en 1671, après
celui de leur incomparable fille Julie d'Angennes duchesse de Montausier qu'a immortalisée la *Guirlande*.

Ces trois inventaires, dont les minutes existent peut-
être encore, mesurant chacun 33 centimètres de hauteur
sur 20 centimètres de largeur, sont écrits sur papier et
reliés.

Celui de 1652, un peu détérioré par l'humidité et
les vers, recouvert d'une simple feuille de parchemin,
contient 316 pages. Les deux autres forment de gros
volumes comprenant l'un 628, l'autre 972 pages et sont
en excellent état de conservation.

Les inventaires de 1666 et de 1671 sont suivis de ceux
du château de Rambouillet, et l'inventaire de 1671 de
celui du château d'Angoulême.

Nous espérons que cette publication sera favorablement accueillie par tous ceux qui étudient la littérature
du grand siècle, car ils y trouveront ce qui a manqué
jusqu'ici aux historiens de l'hôtel de Rambouillet, des
données certaines sur l'intérieur de ce temple de l'esprit
et de la galanterie dont la fameuse chambre bleue était
le sanctuaire.

C. S.

INVENTAIRES

DE L'HOTEL ET DU CHATEAU DE RAMBOUILLET

EN 1652, EN 1666 ET EN 1671

———

Nous avions annoncé, dans le IX° volume de nos *Mémoires*, la publication prochaine de trois inventaires dressés, le premier, après le décès du marquis de Rambouillet, en 1652 ; le second, après la mort de la marquise, en 1666 ; et le troisième, en 1671, après la mort de la duchesse de Montausier ; inventaires contenant la description complète et détaillée de l'ameublement de l'hôtel de Rambouillet et du château de ce nom.

M. Charles Sauzé, juge suppléant au Tribunal de Montmorillon, qui possède les expéditions de ces trois inventaires, a bien voulu nous les confier pour que nous les reproduisions dans nos *Mémoires*.

La Société archéologique de Rambouillet ne peut que se féliciter d'avoir été choisie à l'effet de livrer à la publicité des pièces d'un aussi haut intérêt historique.

Il semble, d'ailleurs, qu'ici, dans nos *Mémoires*, ces pièces, entièrement inédites, trouvent naturellement leur place et complètent l'œuvre que nous avons entreprise.

Cette œuvre consiste à montrer les relations qui

existent entre la famille de Rambouillet, si célèbre au
xviie siècle, et notre château.

Nous avons essayé, dans notre IXe volume, à l'occasion d'une représentation, au château de Rambouillet,
de la *Sophonisbe* du poète Mairet, en novembre 1636,
de rattacher l'histoire de ce château à celle de l'hôtel
de Rambouillet ; nous avons fait voir comment Rambouillet était devenu le domaine des d'Angennes et leur
maison de campagne et comment ainsi il avait pu
recueillir quelques échos du mouvement littéraire de
la première moitié du xviie siècle.

La vie littéraire de Paris à cette époque était, en
effet, en quelque sorte, transplantée, en été et jusqu'à
la fin de l'automne, à Rambouillet: pendant la belle
saison, tous les attraits, les grâces, les amours tenaient
leur cour plénière à Rambouillet; le Cours-la-Reine,
promenade habituelle de la famille d'Angennes, deve-
nait alors désert, disaient les poètes, et Voiture, en
attendant impatiemment le retour à Paris de Catherine
de Vivonne, était obligé d'envoyer ses rondeaux à
Rambouillet, où, malgré lui, son âme était prisonnière :

A LA MARQUISE DE RAMBOUILLET

A Rambouillet va vitement et cours,
Petit Rondeau, mais, sans trop de discours,
Fais mon excuse et mon humble prière ;
Tu n'as qu'à voir et suivre la lumière
Qui de loin paraît dessus ses tours.
Tous les attraits, les grâces, les amours
Et les vertus qui brillent en nos jours
Depuis un mois tiennent leur cour plénière.
A Rambouillet.

Paris languit, attendant leur secours,
L'on n'y voit plus ni la cour ni le Cours;
Que si parfois je prends cette carrière,
Mon esprit fuit et retourne en arrière,
Mon cœur s'absente et mon âme est toujours
  A Rambouillet.

(Manuscrits de Conrart. — Rondeau inédit.)

Les beaux esprits du temps accouraient à Rambouillet au premier appel de son aimable châtelaine et les heures charmantes que l'on passait auprès d'elle laissaient chez tous ceux qui les avaient goûtées des souvenirs ineffaçables.

L'abbé Antoine Arnauld consignait, dans les *Mémoires* de sa vieillesse, le récit de la représentation de la *Sophonisbe* comme une des histoires les plus agréables de sa vingtième année.

Petit événement en apparence, cette représentation de la *Sophonisbe* de Mairet, au château de Rambouillet, pendant les fêtes de la Toussaint de 1636! Isaac Arnault, colonel d'un régiment de carabiniers en garnison près de Corbie dont notre armée faisait le siège, profite d'un congé de quelques jours pour venir se reposer à Rambouillet; il est accompagné d'un de ses cousins, Simon Arnault, lieutenant au même régiment, et d'Antoine Arnault, un autre de ses parents, celui-là simple carabinier.

On joue la *Sophonisbe* de Mairet[1]. Le rôle de Sophonisbe est attribué à Julie d'Angennes et à Louise de Balzac; Marie de Balzac, dite Mlle de Mézières, et Mélisse, dans le langage des Précieuses, est chargée du rôle de Phénice, une confidente; Simon Arnault joue le personnage

---

[1] Voir notre IXe volume.

de Massinissa ; Angélique Paulet chante aux intermèdes.

La représentation terminée, nos carabiniers s'en retournent à Corbie, ville éloignée de cinquante lieues de Rambouillet, par une pluie battante.

Banal incident de la vie, dira-t-on, cette représentation théâtrale, ce court séjour des carabiniers de Corbie au château de Rambouillet ?

Nous n'y contredisons point ; cependant tous ceux qui passèrent les fêtes de la Toussaint de 1636 à Rambouillet eurent de la peine à oublier la délicieuse hospitalité qu'ils reçurent au château, tant les portes du vieux castel étaient largement ouvertes, tant était grand le charme que la marquise répandait autour d'elle.

Cela est si vrai que, quelque temps après son voyage de Rambouillet, le colonel Arnault revenu à son régiment exhalait ses regrets dans ces vers, encore inédits, adressés à la marquise :

Par les chemins, en partant de chez vous,
Mon esprit seul affligé pour nous tous,
S'entretenait des heureuses journées
Qu'à Rambouillet vous nous avez données,
Dont les plaisirs feraient les dieux jaloux.

Le cœur grossi d'un souvenir doux,
Tout autre objet augmentant mon courroux,
J'allais pestant contre les destinées
    Par les chemins.

Ha ! je disais que carabins sont fous ;
Depuis longtemps ils devraient être soûls
D'user ainsi leurs plus belles années,
Pourquoi quitter des nymphes si bien nées
Et s'en aller la nuit comme hiboux
    Par les chemins.

                    (Manuscrits de Conrart.)

Son parent, Simon Arnault, le lieutenant de carabins, qui avait joué le rôle de Massinissa, éprouvait les mêmes regrets que le colonel de son régiment et, parodiant les vers qu'au premier acte de la *Sophonisbe* Mlle de Mézières, dans le rôle de Phénice, récitait, il envoyait à cette jeune fille l'épître suivante en vers, rapportée dans les manuscrits de Conrart :

POUR MADEMOISELLE DE MÉZIÈRES

Que trop, que trop, dit le preux Massinisse,
Nous endurons de peine et de supplice,
Depuis le jour si sombre et si pluvieux
Que nous avons éloigné ces beaux lieux,
Où règne en paix l'adorable Arthénice.

Je donne au diable et bombarde et milice
Et ce pénible et brutal exercice,
Qui ne nous fait chagrins, pauvres et vieux,
  Que trop, que trop.

Que si je suis quelque jour mon caprice
Je quitterai, quoi qu'il en réussisse,
Ce point d'honneur qui fait les demi-dieux,
Et les plaisirs les plus délicieux,
Pour ouïr dire à la belle Mélisse (Mlle de Mézières) :
  Que trop, que trop.

Nous en concluons donc, avec documents à l'appui de nos affirmations, que Rambouillet, au xviie siècle, eut sa part de la renommée qui s'attacha alors aux d'Angennes et qu'à cette époque être éloigné de Rambouillet était une pénible chose.

Si Rambouillet n'était pas le pays d'origine de la famille d'Angennes, il était devenu son pays d'adoption ;

à partir de la seconde moitié du xvi⁰ siècle, c'est dans
l'église de Rambouillet que les d'Angennes demandent
à être enterrés ; les registres de la paroisse mentionnent
au xvii⁰ siècle les événements heureux ou malheureux
de cette famille.

Les actes d'inhumation du père et de la mère du
marquis de Rambouillet y sont dressés, ainsi que le
constatent nos actes de l'état civil :

« Noble dame Julienne d'Arquenay décéda le di-
« manche treizième jour de décembre 1609 et fut
« inhumée par moi Bourlat (c'est le nom du curé) en
« l'église de Rambouillet.

« Noble homme, haut et puissant seigneur Nicolas
« d'Angennes, chevalier des ordres du roi et seigneur
« de Rambouillet, décéda le vendredi six de sep-
« tembre 1611 et fut inhumé par moi en l'église de
« Rambouillet. »

(État civil de Rambouillet.)

Quarante ans plus tard, le marquis de Rambouillet,
mort à Paris, vint rejoindre son père à Rambouillet :

« Le mardi 26⁰ jour de mars 1652 fut inhumé dans
« l'église de Saint-Lubin de Rambouillet le corps de
« messire Charles d'Angennes, en son vivant conseiller
« du roi en ses conseils d'État et privé, chevalier des
« ordres du roi, grand maître de la garde-robe, mar-
« quis de Pizani de Rambouillet. Lequel décéda le lundi
« 26 février à 2 heures du matin, en son hôtel à Paris,
« en la paroisse de Saint-Germain-l'Auxerrois. »

(État civil de Rambouillet.)

A deux reprises, dans les registres de la paroisse,

l'acte de baptême de Julie d'Angennes est transcrit en
ces termes :

« Julia Lucina, fille de Mgr le vidame du Mans et de
« dame Catherine de Vivonne, sa mère, fut baptisée
« par M. Philippe Cospéan, évêque d'Aire; son parrain
« fut pauvre homme, sa marraine pauvre femme, à
« Paris, le 25 juin 1607, en la paroisse de Saint-Germain-
« l'Auxerrois. »

« Signé : Bourlat. »
(État civil de Rambouillet.)

Ainsi les liens qui rattachaient à Rambouillet la
famille des d'Angennes étaient des plus étroits.

Dans notre étude parue en 1891 nous n'avons pu
mettre en lumière que les habitués de l'hôtel et du château de Rambouillet ; grâce aux inventaires retrouvés
par M. Charles Sauzé, nous pénétrons plus intimement
dans l'intérieur de la famille de Rambouillet et le cadre
dans lequel se sont agités nos personnages apparaît dans
toute sa netteté.

Nous rencontrons dans les inventaires de 1652 et
de 1666 qui auraient fait les délices et la joie de Vic-
tor Cousin s'il les avait connus, presque tous les objets
destinés aux besoins journaliers ou à l'agrément de la
marquise de Rambouillet.

Quelques souvenirs qu'elle tenait de sa famille ou de
ses amis manquent peut-être à l'appel : ainsi nous avons
beau chercher, nous ne pouvons mettre la main sur le
petit rouet d'ivoire que lui envoya Godeau.

A MADAME LA MARQUISE DE RAMBOUILLET

EN LUI ENVOYANT UN PETIT ROUET D'IVOIRE

Petit rouet d'ivoire de Phénice,
Va-t'en tout droit au palais d'Arthénice,
Prendre une place en son beau cabinet;
Mais résous-toi que ta blancheur ternisse
Près de son teint si luisant et si net.

Là, si tu veux me rendre un bon office,
Dis-lui qu'ici c'était mon exercice,
Que de tourner ton joli moulinet,
    Petit rouet.

Dis-lui, de plus, quoi qu'il en réussisse,
Comme je l'aime et que pour son service
Je voudrais faire et ballade et sonnet ;
Si tu le fais, j'ôterai mon bonnet
Et je dirai que le Ciel te bénisse,
    Petit rouet.

           (Manuscrits de Conrart.)

Aucun des inventaires ne fait non plus mention des portraits de famille qui, si l'on en croit Mlle de Scudéry, auraient orné la chambre bleue.

Mais, en revanche, que de compensations !

Jusqu'à ce jour, nous n'avions que des données vagues sur la fameuse chambre bleue et nous devions nous contenter de la description qu'en avait faite Mlle de Scudéry, dans la *Princesse de Paphlagonie* :

« L'antre de la déesse Athènes est entouré de grands
« vases de cristal, pleins des plus belles fleurs du prin-
« temps, qui durent toujours dans les jardins qui sont
« auprès de son temple pour leur produire ce qui lui

« est agréable. Autour d'elle il y a force tableaux de
« toutes les personnes qu'elle aime, ses regards sur ces
« portraits portent toute bénédiction aux originaux ; il
« y a aussi force tablettes qui sont dans cette grotte ;
« on peut juger qu'ils ne traitent rien de commun. »

Maintenant nous pouvons reconstituer pièce par
pièce le mobilier de la chambre bleue de la marquise
de Rambouillet ; nous connaissons même les dimensions
de cette chambre, la hauteur de son plafond.

La chambre bleue était ainsi dénommée à cause de la
couleur de la tenture qui ornait ses murs.

En 1652, d'après les indications de notre premier
inventaire, les murs de la chambre bleue disparaissaient
derrière une tenture de tapisserie de Bruxelles à petits
personnages en verdure et portique ; cette tapisserie
composée de huit pièces mesurait 3ᵐ,60 de hauteur
sur 30 mètres de tour.

C'était la première chose qui frappait les regards.
Un tapis de Turquie rhodien couvrait le parquet.

Dix chaises à vertugadin, sièges plus spécialement
réservés aux dames, étaient placées dans la chambre
bleue ; à côté, des escabeaux ployants de bois de chêne
peint en rouge sur lesquels les hommes s'asseyaient ;
ces escabeaux étaient recouverts en velours rouge cramoisi avec une petite frange d'or fin.

Le lit de repos sur lequel Mᵐᵉ de Rambouillet se tenait
quand elle recevait ses amis était en bois de noyer,
le chevet en satin de Bruge vert.

Au moment où les inventaires sont dressés, escabeaux
et lit de repos sont couverts de leurs riches housses que
le notaire décrit minutieusement.

Le mobilier du salon comprenait une table à châssis de bois de hêtre, deux grands guéridons de bois noirci, deux tables de bois d'ébène; un cabinet de marqueterie de la Chine, avec son petit coffret garni de faux diamants, un cabinet d'émail, se reflétaient dans les eaux d'une belle glace de Venise de 2 pieds 1/2 de haut sur 2 pieds de large, avec bordure d'ébène et cordon d'or et soie bleue.

En 1652, l'inventaire mentionne dans la chambre bleue l'existence de six tableaux : l'un représente un triomphe; un autre, un paysage ; ici, Vénus et Adonis ; là, un pot de fleurs, la Joconde ; et, enfin, une Vierge tenant un petit Jésus.

Les meubles sont surmontés de pièces de petites porcelaines, de figures de bronze, d'écuelles de chêne et de pots à fleurs.

Un magnifique chandelier de cuivre doré et cristal, contenant quinze branches, est suspendu au plafond avec un cordon or et soie.

L'heure est donnée par une horloge de cuivre doré. Dans les pièces voisines sont ramassés les paravents que l'on développait dans la chambre bleue, paravents derrière lesquels Voiture contait ses bons mots et parlait notamment des mauvais bruits qui couraient sur le Soleil.

« On s'entretenait à l'hôtel de Rambouillet, dit
« Ménage, des macules nouvelles découvertes sur le
« disque du Soleil qui pouvaient faire appréhender que
« cet astre ne s'affaiblît. M. de Voiture entra dans ce
« temps-là. Mlle de Rambouillet lui dit :

« — Eh bien! Monsieur, quelles nouvelles !

« — Mademoiselle, dit-il, il court de mauvais bruits
« sur le Soleil. »

Dans une chambre voisine tel objet inventorié rappelle une infirmité ou des habitudes de Mme de Rambouillet.

Ainsi Mme de Rambouillet, qui était très frileuse, se mettait, l'hiver, les pieds dans un sac de peau d'ours ; l'inventaire de 1666 décrit : un fourreau à mettre les pieds, de camelot gris doublé d'ours, et une petite couverture de taffetas de la Chine, doublé de peau de cygne ; les manches de son corps de tabis isabelle sont fourrées de peau de lapin.

Le même inventaire n'oublie point, non plus, son petit chauffe-pieds couvert de feuilles d'argent.

Et les cornettes de la bonne marquise, de la vieille grand'mère, nous les retrouvons en grande quantité, car, l'hiver, la marquise s'enveloppait la tête d'un nombre considérable de coiffes, à tel point, disait-elle, qu'elle perdait l'ouïe à la Saint-Martin et la recouvrait à Pâques.

Les inventaires ne laissent rien de côté, pas même les grains d'ambre dont Mme de Rambouillet faisait une certaine consommation et qui avaient, d'après Tallemant des Réaux, déterminé chez elle, à la fin de sa vie, un continuel branlement de tête.

Les inventaires sont de vivants commentaires des *Historiettes* de Tallemant.

Quelle meilleure preuve que Mme de Rambouillet était une catholique fervente que tous ces tableaux et objets de piété, qui se trouvaient dans sa chambre à coucher, où il y avait :

Une vierge tenant un Jésus ;

Un saint Jean de Stella ;

Une Notre-Dame-de-Pitié ;

Un Christ au Jardin des Oliviers ;

Une Vierge ;

Un Tobie avec un ange ;

La Vierge au pied de la Croix ;

Le Christ et la Vierge ;

Un bénitier, un crucifix, des chapelets.

Quelle indication plus précise et plus nette de ses études latines commencées, de ses études espagnoles achevées, que ces soixante volumes reliés en veau, inventoriés dans la bibliothèque, « ouvrages en langues italienne, espagnole, latine, le tout fort antique » ?

Passons-nous aux objets de toilette de la femme ?

Les inventaires notent les gants de peau d'Espagne que portait la marquise ; ses éventails parfumés ; les croix d'or, qui pendaient sur sa poitrine ; ses montres en or avec leurs chaînes ; ses bagues en or, où brillent des diamants taillés ; les tissus d'argent, qui forment sa ceinture.

Robes de chambre en taffetas de la Chine, mantelet de camelot gris, jupes de popeline, mouchoirs de linon, manteaux brodés d'or et d'argent défilent dans l'inventaire de 1666.

Abordons-nous un autre ordre d'idées ? L'origine de propriété de l'hôtel de Rambouillet, sur laquelle on n'avait que des données incertaines, ou veut-on connaître les fonctions qu'occupa le marquis de Rambouillet, les différentes étapes parcourues par la famille de Savelle avant de s'établir définitivement en France ?

Sur tous ces points, les inventaires fournissent des renseignements précis, des dates intéressantes.

En 1587, l'hôtel de Rambouillet appartenait à Pierre de Sourhouette du Halde, chevalier, baron d'Aurilly,

et à dame Lucresse de Mauny, son épouse, qui l'hypo-
thèquent à Claude Lelièvre, bourgeois de Paris, pour
sûreté de 166 écus de rente qu'ils doivent à Lelièvre ;
cet hôtel consistait alors en un corps d'hôtels, cours et
jardin, tenant, d'une part, à l'hôtel d'O, d'autre part au
sieur Duplessis, aboutissant par derrière au cimetière des
Quinze-Vingts et par devant sur la rue Saint-Thomas-
du-Louvre.

Les époux du Halde n'ayant point satisfait aux obligations qu'ils avaient contractées, l'échéance venue,
l'hôtel fut saisi par Lelièvre, leur créancier ; au cours
de la saisie, suivant la procédure d'alors, l'on mit en
adjudication le bail, qui fut cédé judiciairement, au
Châtelet de Paris, le 21 juin 1595, à un nommé Bachasson ; Bachasson passa son bail à Antoine de Pluvieux,
qui lui-même transporta ses droits, le 12 mars 1598, au
comte de Nanteuil ; l'hôtel changea encore une fois de
locataire avant que les formalités de procédure fussent
terminées et qu'il fût vendu, car, le 8 juillet de la même
année, un bail judiciaire était consenti à Pierre Hébert.

Le 7 mai 1599, l'hôtel du Halde saisi depuis longtemps fut mis en vente et adjugé à une fillette de onze
ans, Catherine de Vivonne.

L'adjudication prononcée au profit de la fille de Jean
de Vivonne fut attaquée par une dame de Sourhouette
du Halde ; un vice de procédure était relevé par elle
contre l'adjudication de 1599 ; mais un arrêt du Parlement du 10 mai 1604 écartait le moyen de procédure et
définitivement l'immeuble reposait sur la tête de la
jeune Catherine, qui avait épousé le vidame du Mans,
Charles d'Angennes.

Les inventaires nous permettent de suivre pas à pas

l'arrivée en France de la mère de Mme de Rambouillet, qui était Italienne et s'était mariée en secondes noces avec Jean de Vivonne, ambassadeur de France à Rome ; nous pouvons aisément, avec ces documents nouveaux, suivre la carrière de la famille de Rambouillet, les modifications dans son état civil, apprécier sa situation de fortune. Nous sommes initiés aux questions d'intérêts de la maison d'Angennes.

Nicolas d'Angennes, le père de Charles, s'était marié, en 1567, avec Jeanne d'Arquenay ; son contrat de mariage avait été reçu par Blanchewyn, notaire sur la paroisse de la Croix, au Mans ; Magdeleine, la sœur de Charles, qui fut enterrée à Rambouillet, avait épousé en premières noces Pierre de Bellay, seigneur de Thourçay, et leur contrat porte la date du 30 janvier 1588.

Jean de Vivonne était devenu le mari de la princesse Julia Savelli, à Rome, en 1587 ; le contrat en italien est du 22 septembre 1587 ; le mariage fut célébré en l'église Saint-Eustache de Rome, le 8 novembre de la même année.

Catherine de Vivonne, leur fille, naît à Rome, en 1588.

Henri IV, au mois d'août 1593, accorde à Julia Savelli des lettres de naturalisation scellées du grand sceau de cire verte.

L'année suivante, en avril, Catherine de Vivonne, âgée de cinq ans, est gratifiée de la même faveur.

Ces lettres de naturalisation relatives à la mère et à sa fille sont entérinées par la Chambre des comptes du 17 septembre 1594 et un arrêt de la même Chambre du 18 novembre 1598 donne acte au marquis de Pisani de ce qu'il déclare que sa femme et sa fille ont établi leur séjour en France.

A la date du 28 mai 1596 se place un prétendu testament du marquis de Pisani, qui aurait été reçu par Mᵉ Sainxot ; après la mort de Vivonne, ce testament fut l'objet d'une inscription de faux.

Le 6 mars 1599, Jean de Vivonne et Julia Savelli déposent au rang des minutes de Janot, notaire à Paris, leur contrat de mariage passé en Italie ; la traduction en français est placée en regard de l'italien.

Le 7 mai, Catherine de Vivonne achète l'hôtel du Halde ; son père meurt le 7 octobre à Saint-Maur-les-Fossés et sa mère devient sa tutrice aux termes d'une délibération de parents du 19 octobre 1599.

Au début du siècle nouveau, Catherine, âgée de douze ans, épouse Charles d'Angennes, vidame du Mans, qui en a vingt-quatre ; le 27 janvier 1600, leur contrat de mariage est reçu par Mᵉ Briquet, notaire à Paris.

Un brevet du 3 janvier 1607 confère au vidame du Mans le titre de conseiller au Conseil d'État ; le 6 février, il prête serment ; à la mort de son père arrivée le 7 septembre 1611, Charles d'Angennes prend le nom de marquis de Rambouillet ; le 9, il accepte sous bénéfice d'inventaire la succession de Nicolas d'Angennes.

Le 13 septembre, sentence du Châtelet qui entérine les lettres de bénéfice d'inventaire ; le 19, l'inventaire est dressé.

Dans les papiers du marquis de Rambouillet les notaires analysent un brevet signé : « Louis », et plus bas : « de Loménie », du 16 septembre 1615, par lequel Sa Majesté, désirant traiter favorablement le marquis de Rambouillet, lui a accordé un pouce d'eau à prendre au gros tuyau qui conduit aux Tuileries vis-à-vis de l'arcade de la grande galerie qui est au bout de la rue

Saint-Thomas-du-Louvre pour que ledit marquis fasse conduire ce pouce d'eau en son logis sis rue Saint-Thomas-du-Louvre.

Par lettres patentes du 21 novembre 1629, le marquis de Rambouillet est nommé conseiller d'État dans les conseils du roi, les finances et le conseil privé sans être tenu de prêter serment.

Il vend la charge de grand maître de la garde-robe, dont il était investi, au comte de Nançay, moyennant 300,000 livres, dont 200,000 payées comptant.

Un arrêt du Parlement du 7 septembre 1635 homologue cette vente.

Charles d'Angennes a des créanciers qui font des oppositions sur les 100,000 livres redues par le comte de Nançay ; ces 100,000 livres donnent lieu à une distribution entre les créanciers du marquis en 1640.

Des difficultés, d'autre part, s'élèvent entre le vendeur et son acquéreur. Tallemant des Réaux dit que le marquis était très processif, que volontiers il offrait de s'en remettre à des arbitres, mais que, si les arbitres lui donnaient tort, il ne voulait pas tenir compte de leurs avis.

Nous en avons la preuve dans les inventaires : le comte de Nançay et le marquis de Rambouillet désignèrent des arbitres chargés de trancher leur différend au sujet du prix de vente de la charge de grand maître de la garde-robe ; les choses traînèrent en longueur et finalement cette affaire ne se termina qu'en décembre 1654.

Entre autres procès, Charles d'Angennes eut à plaider contre le seigneur de Marolles et Marie d'Angennes, sa femme, et le 3 décembre 1645 il eut à leur payer une somme de 50,000 livres.

Julie d'Angennes, l'incomparable Julie, se marie, en 1645, à trente-six ou trente-huit ans, avec M. de Montausier ; le contrat est reçu par M⁰ˢ de Beaufort et de Beauvais.

Toutes les dispositions importantes du contrat de mariage (un beau contrat) sont analysées dans l'inventaire ; dans les apports de la future figurent 30,000 liv. de bagues et joyaux, ses parts d'intérêts dans l'engagement des coches d'Orléans.

Le roi Louis XIII avait concédé à Mᵐᵉ d'Aiguillon, la nièce du cardinal de Richelieu, des droits dans l'entreprise des coches d'Orléans ; Mᵐᵉ d'Aiguillon, qui aimait beaucoup Julie, en donna une part à son amie : cette part pouvait représenter 5,000 ou 6,000 livres de rente, d'après Tallemant.

Il était stipulé, dans le contrat de mariage du 27 juin 1645, qu'en cas de décès du marquis ou de la marquise de Rambouillet leur fille et leur gendre s'interdisaient de demander aucun compte au survivant.

Le marquis de Rambouillet mourut à Paris, le 26 février 1652, à l'âge de soixante-quinze ans : l'inventaire après son décès fut dressé le 25 juin et jours suivants, à l'hôtel de Rambouillet, par M⁰ˢ de Beaufort et de Beauvais, à la requête de la marquise, sa femme, en présence du mandataire de la marquise de Montausier, autorisée par justice à défaut d'autorisation maritale, et de Mˡˡᵉ Marie-Angélique d'Angennes, représentée par son curateur.

Cette autorisation de justice, à défaut d'autorisations maritales, était une formalité qui n'impliquait nullement qu'il y eût dissentiment entre la marquise de Montausier et son mari.

La marquise de Montausier et Angélique d'Angennes agissaient dans l'inventaire en qualité de seules héritières de leur père ; leurs autres sœurs étaient entrées en religion.

L'intitulé de l'inventaire énonçant les qualités des parties intéressées dans la succession du défunt porte la date du 25 juin 1652 ; le lendemain 26, les notaires commencent les opérations proprement dites de l'inventaire, qu'accompagne la prisée, par un expert, des objets mobiliers au fur et à mesure de leur description.

Les tableaux sont expertisés par un peintre ; l'inventaire se termine le 24 septembre.

Le 28 juin 1656, la marquise de Rambouillet fait une donation à ses deux filles, Julie et Angélique, devant Mes Levasseur [1] et de Beauvais ; cette donation comprend l'hôtel de Rambouillet, le marquisat de Pisani, le comté de Talmond, des rentes sur les aides de Saintes, à la charge par les donataires de servir à leur mère une pension de 14,000 livres ; en outre, Mme de Rambouillet se réserve un capital de 75,000 livres.

La marquise meurt à son tour le 27 décembre 1665, à l'âge de soixante-dix-sept ans ; deux jours avant sa mort, elle veut tester et elle appelle un notaire ; son testament, qui porte les dates des 25 et 27 décembre, et dont la minute est confiée à Me Hubault (aujourd'hui étude Grignon), ne modifie pas la dévolution naturelle de sa succession.

Angélique d'Angennes, qui s'était mariée au comte de Grignan, est morte ; ses deux filles viennent recueillir leur part dans l'héritage de leur grand'mère.

1 Levasseur a pour successeur aujourd'hui Me Fleury ou Me Tourillon (deux Levasseur ayant exercé à la même époque).

L'inventaire après le décès de la marquise fut dressé à l'hôtel de Rambouillet, le 7 janvier 1666, à la requête du duc de Montausier, son exécuteur testamentaire, par Mes Chuppin et de Sainfray, notaires ; cet inventaire était fait en présence de Mme de Montausier, légataire particulière, donataire et légataire universelle pour moitié de sa mère, en présence aussi de François-Adhémar de Monteil de Grignan, tant en son nom personnel que comme tuteur de Catherine et Julie-Françoise, filles d'Angélique d'Angennes décédée ; les deux mineures étaient légataires et donataires pour l'autre moitié.

L'inventaire, commencé le 7 janvier, fut terminé le 6 février ; les notaires continuèrent leurs opérations et les terminèrent par l'inventaire du château de Rambouillet.

Mes Chuppin et Ch. de Sainfray constatent, au début de leur opération, qu'ils sont partis de Paris le lundi 15 février, à sept heures du matin, pour aller au château de Rambouillet, appartenant à la duchesse de Montausier, distant de 10 à 11 lieues environ de Paris, au pays Chartrain, près Montfort-l'Amaury, et qu'ils sont arrivés à Rambouillet à sept heures du soir ; comme il est trop tard pour commencer, ils remettent leur première vacation au lendemain 16.

On inventorie d'abord la cuisine, on passe ensuite à la chambre de Mme la comtesse de Crussol, la fille de la duchesse de Montausier ; à la chambre du seigneur de Montausier ; au grand salon, dans lequel se trouvent un tapis de table et dix-sept couvertures de chaises avec les dossiers, le tout de tapisserie à l'aiguille, à fleurs de diverses sortes à fond brun ; prix : 90 livres.

Dans la chambre, à l'entresol, où couche M. de Montausier, on décrit le lit de ce dernier.

A côté de cette chambre, dans un cabinet, on remarque un tableau peint sur bois, représentant plusieurs clients visitant leurs procureurs ; ce cabinet renferme encore d'autres tableaux assez nombreux, qui sont indiqués dans l'inventaire.

Au-dessus du cabinet, il y a une chambre appelée la Chambre des gentilshommes, puis celles des pages dont les meubles sont inventoriés.

Les belles tapisseries qui ornent le château sont vendues aux enchères ; l'inventaire terminé et les prix de chaque objet vendu sont donnés dans un procès-verbal dressé à cet effet.

Nous terminons notre publication des inventaires par l'inventaire de 1671.

Julie d'Angennes, épouse du duc de Montausier, mourut le 15 novembre 1671, à Paris, à soixante-quatre ans ; l'inventaire après son décès fut dressé par Mes Chuppin et Ogier, notaires.

Cet inventaire est très considérable ; il comprend le château, l'hôtel de Rambouillet, un hôtel à Saint-Germain-en-Laye, les châteaux d'Angoulême et de Montausier ; nous analyserons plus loin cet inventaire.

Nous avons eu le soin dans notre publication d'indiquer en note les études des notaires contemporains qui correspondent aux études qui ont été chargées de dresser des actes intéressant, au xvi° et au xvii° siècle, la famille de Rambouillet.

De cette façon, ceux qui voudront pousser plus loin les recherches dont nous indiquons les sources auront toutes facilités pour le faire.

Nous devons remercier à cette occasion, M° Paul Batardy, notaire à Paris, qui a bien voulu nous prêter un exemplaire du Minutier des notariats de la Seine, que nous avons mis largement à contribution.

Quels remerciements ne devons-nous pas à M. Charles Sauzé, qui a bien voulu nous autoriser à publier ses inventaires! M. Charles Sauzé marche d'ailleurs sur les traces de son distingué père, le Dʳ Sauzé, mort en 1889 ; M. Sauzé père, qui fut vice-président du Conseil général des Deux-Sèvres, a donné des travaux historiques intéressants; on lui doit une étude sur le chevalier de Méré et un grand nombre de mémoires parus dans le *Bulletin de la Société de statistique ;* M. Charles Sauzé, qui vient de publier la *Bibliothèque du duc de Montausier en 1671,* continue dignement les belles traditions de sa famille, traditions de travail et d'études historiques.

LORIN,
Secrétaire de la Société archéologique
de Rambouillet.

Rambouillet, le 1ᵉʳ octobre 1893.

AVERTISSEMENT

La Société archéologique de Rambouillet a publié dans le septième volume de ses *Mémoires* un inventaire du château de Rambouillet en 1706. Elle ne pouvait manquer d'accueillir avec empressement la proposition de M. Ch. Sauzé, juge suppléant au Tribunal de Montmorillon et membre de plusieurs sociétés savantes, de lui fournir l'inventaire mobilier du même château en 1666 et d'y joindre celui beaucoup plus important de l'hôtel de Rambouillet, à Paris, en 1652, 1666 et 1671. On ne peut que louer M. Sauzé pour la patience avec laquelle il a copié ces documents importants et de l'exactitude de la transcription. Mais on ne pouvait songer à la publier telle qu'elle était. Outre que la dépense eût été considérable pour les modestes ressources de la Société, le résultat n'eût pas été heureux. La publication intégrale eût rebuté la plupart des lecteurs par des répétitions incessantes et les fastidieuses longueurs d'actes grossis à plaisir pour augmenter les frais de copie ; puis les chiffres romains sont tellement hors d'usage que l'on ne pouvait songer à les employer ; enfin l'orthographe du scribe est des plus fantaisistes. Il n'y aurait aucun avantage à imprimer une *hurne en christail*.

Nous donnerons *in extenso* toutes les parties intéressantes de cet inventaire, comme les tableaux, l'argenterie, les bibelots, le mobilier de la célèbre chambre bleue de l'hôtel de Rambouillet, et celui des principales pièces ; mais il nous sera permis d'aller plus vite à la cuisine et dans les greniers. L'intérêt de la publication n'y perdra rien et elle sera beaucoup moins fatigante à lire. Tous les articles de l'inventaire de 1666 portent un numéro d'ordre; nous en avons ajouté aux articles des autres inventaires comme le seul moyen de s'y reconnaître et de pouvoir les comparer entre eux.

Montfort, 1er octobre 1893.

Le Président de la Société,

A. DE DION.

SOCIÉTÉ ARCHÉOLOGIQUE DE RAMBOUILLET

MÉMOIRES ET DOCUMENTS

RELATIFS AU DÉPARTEMENT DE SEINE-ET-OISE

I

INVENTAIRE A LA MORT DE CHARLES D'ANGENNES, MARQUIS DE RAMBOUILLET

(25 juin 1652)

L'an mil six cens cinquante deux, le mardy 25 juin et jours suivans à la requeste de haulte et puissante dame Catherine de Vivonne Savelle [1], veuve de hault et puissant seigneur messire Charles d'Angennes [2], chevalier des ordres du Roy,

---

[1] Fille unique de Julie Savelle et de Jean, seigneur et baron de Saint-Gouard, marquis de Pisany, abbé de Valence, chevalier des ordres du roi, gentilhomme ordinaire de la chambre, conseiller de Sa Majesté en ses conseils d'État et privé, capitaine de cinquante hommes d'armes, capitaine gouverneur du château de Saintes, sénéchal de Saintonge, lieutenant de la cornette blanche, colonel général de la cavalerie légère italienne, ambassadeur de France à Madrid, à Rome et dans plusieurs autres pays, gouverneur de Monseigneur le prince de Condé. Elle avait moins de douze ans lorsqu'elle fut mariée par contrat du 27 janvier 1600 à Charles d'Angennes. On sait l'influence décisive qu'exerça sur la littérature sa chambre bleue où, de 1620 à 1648, sous le nom d'Arthénice, elle présida, aidée de son incomparable fille Julie, qu'a immortalisée la fameuse *Guirlande*, des tournois de galanterie et de bel esprit qui nous sont racontés par les romanciers et les poètes du temps.

[2] Fils de Nicolas, marquis de Rambouillet, gouverneur de Metz, capitaine des gardes du roi, chevalier du Saint-Esprit, plusieurs fois ambassadeur et de Julienne d'Arquenay, marquis de Rambouillet et de Pisany, baron de Talmont, seigneur d'Arquenay, vidame et sénéchal du Mans, capitaine de la deuxième compagnie des cent gentilshommes de la maison du roi, chevalier des

conseiller en ses conseils et son ambassadeur extraordinaire en Espagne et Italie, marquis de Rambouillet et des Essartz, vidame du Mans, seigneur de Dangeul, Champfleury, Maison-celle, Le Bignon, Daniet et autres lieux [1], en son nom, pour la conservation de ses droits, en la succession dudit marquis de Rambouillet, son mary, soit en vertu de leur contrat de mariage ou à cause de la communauté, au cas qu'elle l'accepte. Ladite dame demeurant à Paris en l'hostel de Rambouillet sise rue Saint-Thomas-du-Louvre, paroisse Saint-Germain-l'Auxerrois [2], assistée de M° Jacques Lebel, procureur au Chastelet de Paris, en la présence de noble homme, Anthoine de Bort [3], intendant des affaires de messire Charles

ordres du roi, conseiller d'État, colonel général de l'infanterie italienne, maréchal des camps et armées du roi, maître de sa garde-robe et ambassadeur en Piémont et en Espagne, décédé à Paris, le 6 février 1652, âgé de soixante-quinze ans. Il avait eu de Catherine de Vivonne sept enfants : 1° Julie Lucine, mariée au duc de Montausier ; 2° Léon Pompée, marquis de Pisany, tué à la bataille de Nordlinghen, à l'âge de trente ans ; 3° Léon Pompée, vidame du Mans, mort de la peste en 1631, âgé de sept ans ; 4° Clarice Diane, abbesse d'Hières, décédée le 9 mars 1670 ; 5° Isabelle-Louise, abbesse de Saint-Étienne de Reims, morte en juin 1707 ; 6° Charlotte-Catherine, abbesse d'Hières après sa sœur, décédée à l'âge de soixante-neuf ans, le 21 mai 1691 ; 7° Angélique-Clarice, mariée au comte de Grignan.

1 Ces cinq dernières seigneuries étaient en Anjou, de la succession de Julienne d'Arquenay.

2 La maison que la divine Arthénice fit démolir pour construire sur son emplacement le fastueux hôtel de Rambouillet avait été adjugée par le prévôt de Paris, le 7 mai 1599, à Jean de Vivonne, marquis de Pisany, décédé le 7 octobre de la même année. Elle appartenait alors à Pierre de Sourhouette du Halde, chevalier baron d'Aurilly, époux de Lucresse de Mauny.

3 Antoine de Bort, intendant du duc de Montausier, et Marie Bonnay, sa femme, léguèrent tous leurs biens à l'Hôtel-Dieu de Paris. Leurs papiers étaient conservés dans les Archives avant l'incendie de 1871. M. le comte de Chastellu a publié dans la *Revue Nobiliaire* de 1872 des notes prises par lui et relatives à la fortune du duc de Montausier.

Pour l'année 1660, les recettes furent de 44,809 livres, les dépenses arrivent à 76,324 livres. Une note sans date porte son revenu à 114,355 livres. La terre de Montausier rapportait 9,000 livres et celle de Rambouillet 8,000. Son traitement comme gouverneur de l'Angoumois et de la Saintonge était de 45.000 livres. Il recevait 600 livres comme capitaine du château d'Angoulême.

En 1661, la dépense des quarante arquebusiers à cheval formant sa garde

de Sainte-Maure, marquis de Montauzier [1], et de Pisany, conseiller du Roy en ses conseils, gouverneur d'Angoulmois,
Xaintonge, haute et basse Alsace, et lieutenant général en son
armée de Guyenne et provinces circonvoisines, et de haulte
et puissante dame Julye d'Angennes [2], demeurant à Saint-
Germain-des-Préz, rue du Colombier, paroisse Saint-Sulpice, au nom et comme procureur de ladite dame marquise

se monta à 16,063 livres. Mais, par ordre du roi, cette somme fut payée
par le trésorier de l'extraordinaire des guerres. Chaque mois, l'intendant
remettait 4,000 livres à Mme de Montausier, pour les dépenses de la
maison.

Une note porte à 27,985 livres les sommes payées à l'architecte Levau,
pour les réparations du château de Rambouillet.

[1] Petit-fils de François de Sainte-Maure, chevalier seigneur de Montausier
et de Pugny, et de Louise Gillier qui, devenue veuve, épousa, en 1591, Jean
de Baudéan, chevalier seigneur de Parabère, baron de la Mothe-Saint-Heray,
seigneur de la Roche-Ruffin de Salles, et de Fougeré, capitaine de cinquante
hommes d'armes des ordonnances du roi, conseiller du roi en ses conseils,
lieutenant général pour Sa Majesté au gouvernement de Poitou, et fils de
Léon de Sainte-Maure, baron de Montausier et de Marguerite Chateaubriant.
Célèbre par là haute charge qu'il remplit à la cour, et par le « chef-
d'œuvre de la galanterie » qu'il fit à celle qui ne devint sa femme qu'après
une interminable cour. Deux manuscrits de la *Guirlande de Julie*, recueil
poétique auquel collaborèrent tous les beaux esprits du temps furent offerts
par lui à la belle Julie de Rambouillet, le 1er janvier 1641.

L'un, de format in-4, écrit en lettres romaines par le fameux calligraphe
N. Jarry, orné de fleurs et de guirlandes peintes par Robert, appartient
actuellement à Mme la duchesse d'Uzès. Il a atteint le chiffre de 14,400 livres
à la vente de la bibliothèque du duc de la Vallière.

Le second, de format in-8, écrit en lettres bâtardes aussi par N. Jarry, ne
renferme aucun ornement. Il appartint aussi au duc de la Vallière, et passa
ensuite aux mains de M. J.-J. de Bure l'aîné. A la vente de Bure en 1853,
il fut acquis pour 3,000 francs par le marquis de Sainte-Maure, Montausier,
dont les collections ont été vendues le 5 décembre 1887, à la salle
Drouot. Voir sur cette *Guirlande*, t. IX de nos *Mémoires*.

[2] Fille de Charles, marquis de Rambouillet et de Catherine de Vivonne,
gouvernante du dauphin, dame d'honneur de la reine, mariée à Charles de
Sainte-Maure, duc de Montausier. Elle assista sa mère dans la direction de
son salon et ne contribua pas peu à son succès par sa piquante beauté, sa
séduisante intelligence et les excellentes qualités de son cœur. Ce fut
pour elle que M. de Montausier composa, avec quelques assidus de l'hôtel de
Rambouillet, la fameuse *Guirlande*. « La préférence que Mme de Rambouillet
faisait de Mme de Montausier à ses autres enfants, » qui nous est signalée
par Segrais dans ses *Mémoires-Anecdotes*, t. I, p. 111, est attestée très clai-
rement par les nombreux dons que Mme de Montausier reçut de sa mère.

de Montauzier, authorisée par justice au refus dudit seigneur, son mary, par sentence du Chastelet du 13 may dernier, fondé de procuration de ladite dame devant Gibault et Lamarque, notaires royaux en Angoulmois, le 29 avril dernier, laquelle est annexée à la minute des présentes.

Comme aussi en présence de D^{lle} Angélique Clarice d'Angennes, de Rambouillet, fille émancipée d'âge sous l'autorité de M. Alexandre Legrand, procureur au Parlement, son curateur, suivant les lettres du 23 may dernier, signées : Par le Conseil, Couraud et scellées le 18 avril dernier.

Lesdites dames et demoiselles héritières dudit défunt marquis de Rambouillet, leur père.

Par Pierre de Beaufort[1] et Michel de Beauvais[2], notaires, garde-notes du Roi, nostre sire, estre fait inventaire des biens meubles, et argent monnoyé, dettes et créances délaissées par le marquis de Rambouillet, en son hostel de Rambouillet, à Paris, montrés tant par ladite dame marquise de Rambouillet que par noble homme Jean Viédot, avocat en Parlement, secrétaire dudit seigneur, Nicolas Dumat, sieur du Parc, maistre d'hôtel, et D^{lle} Marie Belot, sa femme. Lesdits biens-meubles prisés par Jean Délié, huissier sergent à verge au Châtelet.

Du lendemain 26 juin 1652, après midy, a été inventorié ce qui suit :

1. Premièrement en la cave dudit hostel a été trouvé deux baignoires de bois garnies de plomb et plusieurs vieilles croisées, fenestres, portes et caisses, prisé le tout. 40 livres.

2. Item une vieille table de cuisine, etc.

Quant au charbon trouvé dans la cave, le sieur Duparc a dit lui appartenir.

3. Dans la cuisine, deux grands landiers, etc. 20 livres.

1 Aujourd'hui étude de M° Rey, rue Lafayette, 24.
2 Etude de M° Chevillard, rue Saint-Honoré, 362.

4. Une grande marmitte, deux grands bassins, deux chaudrons, etc., le tout en cuivre rouge et jaulne. . . 25 livres.

5. Une grande table, etc. . . . . 6 livres.

6. Dans le garde-manger, une petite table, etc.

7. Dans la sommellerie, trois tables, une poisle à confitures de cuivre rouge, une orloge de fer de funte, etc. 50 sols.

8. Dans la salle du commun, une grande table. 30 sols.

9. Dans l'escurie, deux chevaux de carosse bai brun, âgés de douze et de huit ans, prisés avec les harnais. 400 livres.

10. Deux coffres à aveyne, une couche à bas piliers garnie de deux matelas, une couverture de laine blanche, une lampe de fer, le tout. . . . . , ... 6 livres.

11. Dans la cour, sous le hangart, deux carosses avec leurs trains, l'un de deuil avec sa house, et l'autre doublé de velours cramoisi, armorié des armes de la maison, garni de ses coussins de velours et serge rouge, garni sur le cuir de clous, plaques et boucles dorées. . . . . 500 livres.

12. Dans la chambre des secrétaires au-dessus de la cuisine, chenets à pomme de cuivre, deux tables de bois de hestre, deux escabelles, une chaise, un tapis, deux couches à hauts piliers garnies de deux matelas, etc.

13. Dans le cabinet à côté, une table de haistre. 30 sols.

14. En la chambre de Chavaroche [1], lit de bois de haistre, garni de serge rouge, etc . . . . 30 livres.

1 Jean de Chavaroche, gentilhomme limousin, fut gouverneur de Léon Pompée d'Angennes, marquis de Pisany, puis intendant de la maison du marquis de Rambouillet. De Vigneul Marville, dans ses *Mélanges d'histoire et de littérature*, 4ᵉ édition, 1725, t. II, p. 413, dit qu'il parlait facilement italien et espagnol et avait quelque teinture des lettres. Jaloux de Voiture, il eut avec lui un duel, raconté par Tallemant des Réaux, dans le jardin de l'hôtel de Rambouillet et aux flambeaux. Voiture fut blessé à la main. M. de Montausier, qui n'avait jamais eu d'inclination pour lui, et qui était persuadé qu'il lui avait nui auprès de Mᵐᵉ de Montausier lorsqu'il lui faisait la cour, se déclara pour Chavaroche. A partir de ce moment, Voiture, « dont, sur la fin, on était fort las et que, sans la longue habitude qu'il avait dans la maison et la considération pour Mᵐᵉ de Rambouillet, on eut tasché à éloigner, » ne vint plus que rarement à l'hôtel de Rambouillet. Il mourut peu après ce duel, en 1648. Chavaroche vécut jusqu'à un âge assez avancé.

15. Dans le cabinet de ladite chambre, deux chaises à bras couvertes de cuir, etc.

16. Dans la chambre des laquais, au-dessus de la chambre de Chavaroche, trois couchettes, etc.

17. Dans la chambre du portier, etc.

18. Dans la chambre au dessus, un vieil bois de lit de noyer, que l'on dit avoir été apporté de Rambouillet. 50 sols.

19. Dans la petite salle entre la chambre du feu marquis et celle de Mlle de Rambouillet, sa fille, deux tables de bois de haistre sur leur châssis, deux formes [1] de bois de noyer garnies de velours vert, une grande cuvette de cuivre rouge.
20 livres.

20. Huit pièces de tapisserie à feuillages. . . . 100 livres.

21. En la chambre à costé que ledit marquis occupait : chenets de cuivre à deux pommes, pelle de fer garnie de deux petites pommettes de cuivre. . . . . 12 livres.

22. Table de poirier noirci, façon d'esbeine, paire d'armoires de pareil bois à deux guichets . . . . . . 18 livres.

23. Dix chaises de bois de noyer, six couvertes de point de Hongrie, deux de velours vert et deux en forme de fauteuil, couvertes de damas cramoisy. . . . . 40 livres.

24. Sept pièces de tapisserie à feuillage, façon de Flandre.
200 livres.

Trois tableaux peints sur toile dont deux garnis de bordures représentant les deux saisons et Caricléa et Théagène.
12 livres.

25. Dans la garde-robe à côté, deux bois de lit à sangle, un matelas et une couverture, une table brisée. . . . 4 livres.

26. Dans le grand cabinet à costé : deux tables de haistre sur leur châssis, etc.

27. Tenture de damas rouge de trente-huit lés en sept pièces.
60 livres.

28. Un bois de lit à bas piliers ; pavillon de damas vert garni de son chapiteau. . . . . 40 livres.

1 Banquettes.

29. Un bois de lit de repos garni de deux matelas et couverture de damas rouge. . . . . 12 livres.

30. Une forme de bois de noyer garnie de velours vert, cinq chaises à dossier de même bois couvertes de moquettes, un fauteuil de pareil bois couvert de velours rouge, qui servait à porter ledit seigneur de Rambouillet, et un tableau au-dessus de la porte du cabinet avec son châssis de bois noirci, où est le pourtrait d'une Espaignole . . . . 8 livres.

31. Dans la grande garde-robe dudit cabinet, regardant dans la petite cour : deux coffres de bahut carré fermant à clef ; deux chaises couvertes à porter, l'une couverte de taffetas cramoisi gommé, doublé de gros de Naples à fleurs ; l'autre de serge rouge cramoisi, doublée de damas rouge. 80 livres.

Au regard des meubles dans la chambre de Mlle de Rambouillet, ils appartiennent à ladite demoiselle.

32. En la garde-robe de la chambre de ladite demoiselle, couche à hauts piliers, garnie de paillasse, etc., couverture et rideaux de laine rouge. . . . . 30 livres.

33. Trois sièges à dossier, deux sièges ployants couverts de taffetas rouge, etc.. . . . . 8 livres.

34. Vis-à-vis de ladite garde-robe sous la chapelle, une grande table de bois de noyer. . . . . 3 livres.

Du jeudy 27 juin avant midy :

35. En la grande salle : chenets, etc. ; table de noyer, etc.

36. Quatre tableaux où sont représentés Henri III, Henri IV, Charles IX et Catherine de Médicis. . . . . 12 livres.

37. En la chapelle au bout de ladite salle : une table de bois de hestre servant d'autel . . . . 6 livres.

38. Un tableau peint sur toile garni de sa bordure de bois doré, représentant la naissance de Nostre-Seigneur. 30 livres.

39. Un autre tableau en sa bordure de bois noirci, où est représentée Nostre-Dame-de-Liesse. . . . . 60 sols.

40. Une tenture de cuir doré rouge et vert. . . . 12 livres·

42. Quatre bras servant de chandeliers, deux de cuivre

doré et deux de carton doré, et deux petits chandeliers de bois fasson d'argent doré. . . . . 4 livres.

43. Un devant d'autel de toile d'or et d'argent muni d'une dentelle d'or en croix et d'un parement à l'entour ; une chasuble, étole d'une pareille étoffe garnie de dentelle, frange et galon d'or, le tout doublé de taffetas rouge cramoisy ; un voile de calice de gros de Naples incarnat, sa broderie d'or et d'argent avec dentelle d'or et d'argent autour ; le corporaille de taffetas à fleurs tanné et blanc, un galon d'or et d'argent. 120 livres.

44. Un missel inquarto couvert de maroquin rouge, doré par la tranche, avec son pupitre peint et doré en façon de la Chine. . . . . 4 livres.

45. Une aube de toile de lin garnie de point coupé avec son cordon . . . . 6 livres.

46. Deux nappes de pareille toile.

47. Un tabouret de bois peint en vert couvert de peluche verte ; une crédence de bois peint en vert et cinq carreaux couverts de velours de plusieurs couleurs ; une cimbale et un bénitier de cuivre. . . . . 8 livres.

48. Un calice, sa patène, une croix, deux petits chandeliers et deux burettes, le tout d'argent ; la croix et les chandeliers dorés en quelques endroits ; le tout prisant six marcs deux onces, à 30 livres le marc. . . . . 187 livres 10 sols.

49. En l'antichambre de ladite dame : chenets de cuivre.
6 livres.

Un cabinet de bois de la Chine à deux guichets fermant à clefs ; y aiant plusieurs tirouers, garny de son pied de même bois. . . . . 150 livres.

50. Un petit cabinet de bois d'esbeine avec tirouers ; le pied de bois noirci . . . . 30 livres.

51. Une petite table à pans, deux guéridons de bois noirci, une table à châssis de bois de haistre ; un coffre en forme de malle couvert de peau, fermant à clef ; deux chaises, l'une de point de Hongrie, l'autre de moquette à onde, et un petit coffre de nuit couvert de velours rouge . . . . 15 livres.

52. Un miroir d'un pied garny de sa glace, à bordure de bois d'esbeine et un petit tapis de cuir rouge. . . 6 livres.

53. En la petite chambre à alcôve [1], une coûche à hauts, piliers de bois de noyer garnie de deux matelas, un lict et traversin plain de plume, une couverture de laine blanche de Castelogne (Catalogne) ; l'entour du lit et la courte pointe, la tenture de tapisserie et rideaux, sièges, chaises et tapis de table, le tout de serge drapée. . . . . 200 livres.

54. Deux tables, l'une de bois de la Chine et l'autre de bois de haistre, trois guéridons de bois noirci, une escritoire de bois noirci, une boîte de la Chine. . . . . 12 livres.

55. En la grande chambre bleue [2] une tanture de tapis-

---

[1] « Madame de Rambouillet pouvait avoir trente-cinq ans ou environ, « quand elle s'apperçut que le feu luy eschauffeit estrangement le sang et « lui causoit des foiblesses. Elle qui aimoit fort à se chauffer, ne s'en abs- « tint pas pour cela absolument ; au contraire, dès que le froid fut revenu, « elle voulut voir si son incommodité continueroit ; elle trouva que c'estoit « encore pis. Elle essaya encore l'hyver suivant, mais elle ne pouvait plus « s'approcher du feu. Quelques années après, le soleil luy causa la mesme « incommodité : elle ne se vouloit pourtant pas rendre, car personne n'a « jamais tant aimé à se promener et à considérer les beaux endroits du « paysage de Paris. Cependant, il fallut y renoncer, au moins, tandis qu'il « faisoit soleil, car, une fois qu'elle voulut aller à Saint-Cloud, elle n'estoit « pas encore à l'entrée du Cours-la-Reine, qu'elle s'évanouit, et on lui « voyoit visiblement, car elle a la peau fort délicate, bouillir le sang dans « les veines. Avec l'âge, son incommodité s'augmenta ; je luy ay veu une « eresipelle pour une poisle de feu qu'on avait oublié par mesgarde sous « son lict. La voilà donc réduitte à demeurer presque toujours chez elle et à « ne se chauffer jamais. La nécessité luy fit emprunter des Espagnols l'in- « vention des *alcoves*, qui sont aujourd'huy si fort en vogue à Paris. La « compagnie se va chauffer dans l'antichambre ; quand il gèle, *elle se tient* « *sur son lict, les jambes dans un sac de peau d'ours*, et elle dit plai- « samment, à cause de la grande quantité de coiffe qu'elle met l'hyver, « qu'elle devient sourde à la Saint-Martin et qu'elle recouvre l'ouye à « Pasques »

(TALLEMANT DES RÉAUX, *Les Historiettes*. La marquise de Rambouillet.)

[2] Cette chambre, que Mᵐᵉ de Rambouillet avait eu l'idée toute nouvelle de faire peindre en bleu au lieu d'employer les couleurs rouge et tannée usitées jusqu'alors et dont les meubles étaient pour la plupart rouges, ne méritait véritablement ce nom que lorsqu'elle était *parée* de la tenture de brocatelle bleue, blanc et incarnat à fond d'or contenant sept pièces, ser-vant à la *chambre bleue* désignée au n° 116 du présent inventaire.

serie de Bruxelle à petits personnages et verdure, et portique
contenant huit pièces, 25 aunes de cours et 3 aunes de hault.

900 livres.

56. Un tapis de Turquie rhodien de cinq aulnes sur deux.

70 livres.

Dix chaises à vertugadin, deux escabeaux ployants de bois
de chesne peints en rouge, couverts de velours rouge cramoisi,
garnis de frange et mollet d'or fin avec un tapis en housse
de pareil velours chamarré de passement, frange et mollet
d'or fin, et deux petites dentelles autour d'or fin ; un lit de
repos de bois de noyer garni de deux matclas, un chevet de
satin de Bruge vert, la housse du lit de satin broché d'or avec
un petit carreau de pareil satin ; un autre carreau de velours
rouge garni d'un passement d'or et d'argent et ses quatre
houppes ; six autres carreaux, le dessus de pluche rouge et le
dessous de cuir rouge, garnis d'un passement d'or autour ; un
autre carreau de moquette. . . . . 130 livres.

57. Une table à châssis de bois de haistre ; deux grands
guéridons de bois noirci. . . . . 4 livres.

58. Deux tables de bois d'esbeine sur l'une desquelles est
une plaque d'argent cizelée, et l'autre des filets d'argent.

80 livres.

59. Un cabinet de marqueterie de la Chine, avec un petit
coffret garni de faux diameants . . . . 60 livres.

60. Un autre cabinet d'esmail, façon de Castelloigne, posé
sur sa table de pareille étoffe blanc, bleu et couleur d'or.

30 livres.

61. Un grand miroir de deux pieds et demi de hault sur
deux pieds de large, sa bordure d'esbeine, glace de Venise,
avec son cordon or et soie bleue. . . . . 120 livres.

62. Six tableaux, deux desquels sont figures de triomphe
et paysage ; un autre, un pot de fleurs ; un autre, Vénus et
Adonis ; un autre, Joconde ; et un autre une Vierge tenant
un petit Jésus ; tous garnis de leurs bordures de bois doré.

100 livres.

63. Six petites figures de bronze sur leur pied d'estail de bois noirci. 25 livres.

64. Trente-quatre pièces de porcelaines de différentes façons. . . . . 80 livres.

56. Une orloge sonnante de cuivre doré. . . . . 50 livres.

66. Deux petites escuelles de la Chine et deux pots à fleurs.
60 sols.

67. Un chandelier de cuivre doré et cristail contenant quinze branches avec son cordon or et soie. . . . . 30 livres.

68. Au cabinet joignant la dite chambre ; une table à châssis de bois d'esbeine, le dessus marqueté de bois de la Chine, les piliers à colonnes torses ; une autre table à pans d'esbeine marquetée de bois de cèdre. . . . . 30 livres.

69. Un bois de lit de repos en bois de haistre, garni de deux matelas de toile isabelle plains de crin, un chevet plain de plume, la housse du lit de velours à ramage à fond d'or doublée de même toile ; un tapis de table ; six chaises vertugadin de bois noircy à filets d'or ; les housses des sièges de pareil velours que le lit ; le tout garni de franges et mollet or et argent fin. . . . . 400 livres.

70. Deux guéridons à figures de mores de bois peint et doré. . . . . 15 livres.

71. Trois urnes de pourceline, l'une avec son pied de bois noirci, et un anneau de cuir doré, les autres dans deux grandes terrines de pourceline. . . . . 60 livres.

72. Dix-neuf pièces de pourceline, figures, pots de fleurs, gobelets, urnes et plats. . . . . 100 livres.

73. Deux tableaux, l'un sur bois du martyr saint Etienne [1]

1 Rapporté de Rome par le marquis de Rambouillet, ce tableau d'Annibal Carrache fut donné au roi par le duc de Montausier et gravé, vers 1680, par G. Chasteau. Il a été estimé 1,500 livres dans l'inventaire de 1666 (art. 123), où il est dit qu'il est peint sur cuivre. Le catalogue du musée du Louvre, auquel il appartient, en donne la description suivante : H. 0,40. — L. 0,53. — Cuivre. — Fig. 0.20. Le saint, agenouillé à gauche devant les murs de Jérusalem, est lapidé ; à droite, Saul gardant les vêtements des bourreaux ; dans les airs, un ange tient une couronne.
Le Louvre possède un autre martyre de saint Étienne qui fut acheté des héritiers de Mazarin.

avec sa bordure de bois d'esbeine, et l'autre un paisage à bordure de bois doré.   (L'évaluation est restée en blanc.)

74. Dans le petit cabinet de la chambre bleue : un petit lit de repos et six tabourets couverts partie de satin incarnat, partie de lamé d'argent en broderie d'or et argent avec des bandes vertes en broderie, le tout demi-usé et passé.

(Pas d'évaluation.)

75. Une petite tapisserie de brocatel incarnat et verte, garnie de passement de faux argent demi-usé. . . .   10 livres.

76. Un petit chandelier de cristal pendu au milieu du plancher. . . . . 50 livres.

77. Deux vases de cristal de roche dont un en façon de coupe ronde felé, chacun sur son pied d'esbeine; un autre vase de cristal en gobelet garni de son pied d'argent doré; deux barils d'une pierre verte; quatre vases de cristal de Venise de moyenne grandeur garnis de cuivre doré; deux pied d'estail d'esbeine sur lesquels il y a des branches de corail. 200 livres.

78. Une salière d'argent doré en forme de temple, au milieu un Neptune, pesant quatre marcs à raison de 30 livres.

120 livres.

79. Treize petits tableaux, tant de dévotion que autres, aucun à bordure d'argent. . . . . 80 livres.

80. Plusieurs petits bijoux placés sur des tablettes.

200 livres.

81. En la garde-robe de la chambre de la dite dame :
Une paire de chenets de fer ayant chacun une pomme de cuivre et un réchaut de fer. . . . . 20 sols.

82. Un lit de sangle ployant, garni de deux matelas, un traversin plein de plume, une couverture de laine blanche.

8 livres.

83. Un autre lit de sangle, etc. . . . . 8 livres.

84. Un coffre de bahut rond bandé, etc. . . . . 50 sols.

85. Une bassinoire de cuivre rouge et un soufflet. 50 sols.

86. Une chaise de garde-robe de bois de chesne. 30 sols.

Dudit jour après midy :

87. Deux tables, deux chaises, l'une couverte de cuir, l'autre de velours vert ; un coffre de bahut rond façon de Chine ; un triquetracq garni de ses dames ; une tapisserie de cuir doré en douze pièces ; et deux tableaux représentant des batailles romaines. . . . . 20 livres.

Et à l'égard des autres meubles de ladite chambre n'ont été inventoriés pour appartenir au sieur et demoiselle Duparc.

88. Dans la chambre au-dessus de celle de ladite dame, occupée par la dame Marguerite : une table, etc. . 12 livres.

89. Six sièges, cinq ployants et un à dossier, dont quatre couverts de velours vert et deux de serge rouge. . . 50 sols.

90. Une couche à hauts piliers de bois de haistre, etc.

25 livres.

91. Un lit ployant sans garniture ; une paire d'armoires en bois de haistre. . . . . 100 sols.

92. Trois pièces de tapisserie de cuir doré ; un tableau de paisage garni de sa bordure ; deux rideaux de serge verte.

8 livres.

93. Réchaud, moine, coquemart de cuivre rouge. 110 sols.

94. Dans le passage, une paire d'armoires. . . . 20 sols.

95. Dans la chambre de Mademoiselle la Reyne [1] : chenets, etc. 25 sols.

96. Une table carrée de bois de hestre ; un tapis de toile de coton, façon de la Chine. . . . . 40 sols.

97. Lit de noyer à hauts piliers garni de sa paillasse piquée ; deux matelas de bourlanisse, un traversin plein de plumes, une couverture de laine blanche de castelongue, la garniture de damas rouge cramoisi contenant trois rideaux, quatre cantonnières, fond et dossier ; la couverture de parade avec les quatre pommes de lit de pareille étoffe garnie d'un petit mollet, or, argent et soie. . . . . 100 livres.

[1] Cette chambre était sans doute habitée par Angélique-Clarice d'Angennes, mariée au comte de Grignan, dont la fille, Mlle d'Alérac, était appelée la *princesse*, peut-être parce que sa mère avait été surnommée la *reine*.

98. Une forme de bois de noyer couverte à onde ; deux chaises à dossier de pareille étoffe ; deux sièges ployants couverts de velours vert ; un coffre carré plat couvert de cuir. . . . . 8 livres.

99. Deux guéridons de bois noirci. . . . . 40 sols.

En un grand cabinet joignant la chambre de D^lle la Reine :

100. Six pièces de cuir doré. . . . . 10 livres.

101. Neuf coffres tant carrés que ronds. . . . . 6 livres.

102. Une table... une grande cage de fil de richard (fil d'archal). . . . . 4 livres.

103. Trois cages à rossignols ; une autre cage de fil de richard à plusieurs étages. . . . . 30 sols.

104. Une grande chaire de repos couverte de moquette. 20 sols.

105. Dans un petit cabinet à côté : table, armoire, etc. Une demi-cuvette haute de cuivre rouge servant à laver les jambes. . . . . 6 livres.

106. Dans la garde-robe d'en haut : chenets, 4 coffres ronds, une caisse de bois blanc, un buffet, etc.

107. Dans la chambre de feu M. le marquis de Pisany [1] : chenets, table de hêtre, sans autres meubles.

108. Dans les entre-sols qui sont au-dessus du cabinet et de l'alcôve de madite dame : tables, armoires, bois de lit ; trente-cinq feuilles de paravent ; six chaises à vertugadin, etc., deux tapis de pied de joncs d'Espagne, trois rouleaux de joncs de Hollande servant de marchepied ; huit morceaux de tapisserie ; trois tableaux, dont l'un représentant Nostre-Seigneur au Jardin des Oliviers, les autres sans bordure représentant les chasses de Flandre.

109. Dans le garde-meuble : quatre tables, quatre grands bahuts ; trois petits cabinets façon d'Allemagne dans leurs étuis fermant à clef ; un autre accommodé avec des agates et

---

[1] Léon-Pompée d'Angennes, marquis de Pisany, fils du marquis de Rambouillet et de Catherine de Vivonne, fut tué à trente ans à la bataille de Nordlingen en Bavière, le 3 août 1645.

un mirrouer au couvercle ; deux escritoires, l'un d'esbeine, l'autre de bois noirci ; un petit coffre de la Chine ; trois coffres de nuit, ensemble. . . . . 70 livres.

Une lanterne de bois d'esbeine, un petit cabinet d'esbeine garni de mirouer. . . . . 15 livres.

110. Six tableaux d'un paysage de Flandre, d'une jalousie, des quatre saisons, de Vulcain, de la tradition de Judas, et d'une chasse de giboieurs de Flandre, le tout sans châssis.
50 livres.

Un grand pot de fleurs de pourceline. . . . . . . 4 livres.

111. Deux petites cassettes couvertes de cuir ; une grande arquebuze à rouet ; une cage de fil de richard ; un grand tamis double servant à faire poudre pour parfumer ; trois chandeliers de bois blanc à pendre au plancher ; deux boisseaux de bois blanc à mettre sécher les roses. . . . 6 livres.

112. Une porte verte ; le coffre d'une litière ; un châssis de tableau fait de coquillages. . . . . 50 sols.

113. Deux tableaux peints sur marbre dans leurs bordures de bois d'esbeine, une Assomption et une Magdeleine. 40 liv.

En suivent les tapisseries et lits trouvés au garde-meubles.

114. Huit pièces de tapisserie de Bruxelle à grands personnages de 25 aunes sur trois, servant en l'antichambre de la marquise de Rambouillet. . . . . 700 livres.

115. Une tapisserie de haute lisse servant dans la grande salle de deux aulnes et demi de haut en neuf pièces. 200 livres.

116. Une tenture de tapisserie de brocatelle bleu, blanc et incarnat à fond d'or, contenant sept pièces, servant à la chambre bleue. . . . . 300 livres.

117. Une tapisserie de haute lisse, en cinq pièces chacune de quatre morceaux, façon de pentes de lit, et cinq morceaux façon de pente de lit, où est représenté l'amour des Dieux en petits personnages . . . . 80 livres.

118. Six pièces de cuir doré, vert et or, et autres petits morceaux servant en l'antichambre de ladite dame. 200 liv.

119. Deux petits tapis persien, façon de Mousqun, l'un portique jaune et l'autre portique rouge. . . . 30 livres.

120. Un tapis au gros point servant de parterre. 3 livres.

121. Un tapis persien, très fin, tout cassé. . . . 10 livres.

122. Un petit tapis Rodien, fond blanc d'une aune et demie.
100 sols.

123. Un tapis Quicorain (?) d'aune et demi. . . . 4 livres.

124. Un tapis Persien, 3 aunes et demie sur une et demie.
35 livres.

125. Six autres tapis à peu près semblables de prix.

126. Un dais, les pentes de velours vert tout chamarré de passements et créipines de soie verte, la queue de damas vert.
100 livres.

127. Quatre carreaux, deux de velours rouge, l'un garni d'un galon d'or, l'autre de quatre houpes de soie et deux de velours noir garnis d'un passement d'or d'argent et soie avec leurs glands pareils. . . . . 16 livres.

128. Couvertures de laine, matelas, etc.

Le 5 de juillet après-midy :

129. Audit garde-meuble un grand pavillon à la romaine de taffetas orange garni de son chapiteau avec crépine de soie et argent, mollet et frange de soie et argent ; la courte-pointe de pareille étoffe doublée de toile de coton de même couleur ; le tout garni de petites houpes de soie et argent.
100 livres.

130. Cinq pièces et trois morceaux de tapisserie de ligature à fond de soie rouge servant l'hiver à l'alcove de ladite dame, garnis par le dedans de bandes de toile rouge.
30 livres.

131. Trois autres pièces de tapisserie de ligature de diverses grandeurs à fond de soie bleue servant l'été au cabinet de l'alcove de ladite dame. Les couvertures de huit chaises et de deux grands fauteuils de même ligature avec leurs ganitures de bras et piliers garnis de mollet et franges de soie ; un

tapis en housse de même étoffe doublé de toile bleue aussi garni de pareille frange. . . . . 60 livres.

132. Cinq pièces et deux morceaux de taffetas de la Chine doublés de toile rouge servant à l'alcove ; la garniture du lit de pareil taffetas contenant trois rideaux, quatre cantonnières, fonds, dossiers, couverture de parade et quatre pommes, le tout garni d'une petite dentelle d'or et d'argent. Les couvertures de six chaises à dossier de pareille étoffe avec dentelle d'or et argent et frange de soie ; neuf rideaux de fenêtre et une petite pente aussi de taffetas de la Chine, à l'alcove et cabinet garnis d'une petite dentelle à fleur de lis or et argent. . . . . 230 livres.

133. La garniture d'un lit en housse contenant trois rideaux à bandes de velours et tapisserie ; partie desdites bandes de velours coupées à jour, doublé de ligature à fleurs et fond blanc, quatre cantonnières, etc. . . . . 120 livres.

134. Huit grands rideaux de fenêtre de serge rouge avec une petite dentelle d'or et d'argent faux ; une petite pente à frange d'or et d'argent servant à une alcove. . 24 livres.

135. Couverture et dossiers de huit chaises de satin incarnat à fleurs garnies de mollet et franges or et argent faux, doublé de serge et toile rouge. . . . . 15 livres.

136. Un lit de velours rouge cramoisi chamarré de passement d'or et d'argent à jour avec franges, crespines et boutons ; les rideaux doublés de taffetas de même couleur ; six pentes, trois rideaux, etc. . . . . 700 livres.

137. Un lit d'ange [1] de taffetas rayé incarnat et blanc, trois grands rideaux, quatre cantonnières, le fond et dossier ; la courtepointe garnie d'une dentelle d'argent ; deux rideaux de fenêtre de pareille étoffe ; les housses de huit chaises.
150 livres.

138. Un lit de damas vert chamarré de bandes en broderie

[1] Un lit d'ange est celui dont les rideaux sont faits en pavillon, retroussés et suspendus au plancher et sans quenouille (Dict. de Trévoux).

de toile d'or et d'argent avec frange et crespines de soie verte et or fin ; quatre rideaux, etc. . . . . 350 livres.

139. Un lit en dôme de taffetas de Chine incarnat, blanc et bleue, contenant deux rideaux, etc. . . . . . . 200 livres.

140. Un petit tour de lit de taffetas vert. . . . . 60 livres.

141. Une chasuble, étole, et fanon, corporalier, le tout de toile d'argent en broderie d'or ; le devant d'autel de pareille étoffe chamarré de bandes de broderies d'or, le voile de calice de pareille étoffe ; un autre voile de satin incarnadin avec broderie de point d'Espagne, garni d'une dentelle or et argent, doublé de taffetas isabelle. . . . . 150 livres.

142. Une chasuble de satin vert à fleurs ; la bande de devant et la croix de derrière de toile d'argent en broderies d'or et argent ; le devant d'autel en tapis vert de mer avec une croix et bandes de broderies d'or et d'argent. 40 livres.

143. Un devant d'autel de damas noir chamarré de passements d'or faux ; une chasuble, étole et fanon de taffetas noir garnis d'un passement d'argent . . . . 12 livres.

144. Une chasuble, étole, fanon de taffetas violet. 20 livres.

145. Deux petits tableaux, un de velours rouge en broderie d'or et d'argent orné de perles, l'autre de broderie fond d'or avec quelques perles en broderie où il y a Notre-Seigneur et la Magdeleine . . . . 40 livres.

146. Une croix d'agate, les bouts garnis d'argent doré, le pied de bois d'esbeine avec petites pommes d'argent doré et quelques-unes d'argent émaillé . . . . 50 livres.

Du lendemain 6 juillet après midi :

Ensuit le linge :

147. Trois douzaines et un drap tant de toile de chanvre que d'estoupes, à demi usés. . . . . 20 livres.

148. Deux douzaines et quatre draps de toile de lin, ensemble, l'un portant l'autre. . . . . 30 livres.

149. Trois paires de draps de toile de lin de trois lés. 40 livres.

150. Vingt nappes de toile de chanvre grandes et petites.
12 livres.

151. Une aube de toile de lin garnie de ses cordons et deux nappes de pareille toile . . . . 12 livres.

152. Dix-sept douzaines de serviettes de gros lin. 102 livres.

153. Cinq douzaines de serviettes de chanvre . 15 livres.

154. Trois douzaines de torchons . . . . 4 livres.

155. Deux nappes de toile de lin de 3 aunes . . 20 livres.

156. Huit grandes nappes damassées. . . . . 100 livres.

157. Seize nappes de toile ouvrée. . . . . 60 livres.

158. Six douzaines et neuf serviettes damassées. 40 livres.

Six tayes d'oreiller de toile de coton, ouvrage d'Italie.
7 livres.

Ensuit la vaisselle d'argent :

159. Une tablette d'argent ciselée portée par huit colonnes, chapiteaux, vases, feuillage et de six chandeliers portés par de petits enfants, poisant 63 marcs 6 onces à 27 livres le marc.
1,721 livres 5 sols.

160. Cinq bras d'argent en termes[1] aux armes de la maison, poisant ensemble 69 marcs et demi. . . 1,816 livres 10 sols.

161. Quatre pots à fleurs, deux grands et deux petits ; deux chandeliers à la romaine et trois petits bras de cabinet, poisant 16 marcs 5 onces. . . . . 448 livres 17 sols 5 deniers.

162. Deux gantières, une grande et une petite ; une corbeille à pan ; un petit panier avec son anse, le tout à jour ; deux fruitières godronnées ; une corbeille à jour ; un petit chaudron avec son anse servant à mettre une cassolette, pesant 27 marcs 3 1/2 onces. 740 livres 16 sols 3 deniers.

Une grande cassolette et une fort petite, poisant 23 marcs et demi. . . . . 769 livres 10 sols.

163. Douze cuillères et douze fourchettes à manche de

---

[1] Ornés de figures de termes.

4

terme poisant 4 marcs 6 onces, argent d'Italie, à 25 livres le
marc . . . . 117 livres 15 sols.

164. Onze couteaux à manche d'argent. . . . 30 livres.

Un chauffepied et deux vases d'argent, le tout de bois couvert d'argent façonné. . . . . 50 livres.

Vaisselle d'argent vermeil doré.

165. Six bassins, trois ronds et trois ovales de plusieurs
grandeurs dont quatre ciselés et deux façonnés par les bords
et le milieu, pesans ensemble 46 marcs et demi, prisé le marc
à 28 livres. . . . . 1,302 livres 13 sols 2 deniers.

166. Six assiettes aux armes dudit feu marquis, pesant
9 marcs à 30 livres le marc. . . . . 270 livres.

167. Six vases dont trois couverts, deux salières, deux
petits flambeaux, le tout ciselé et deux petits bras unis,
pesant 37 marcs 7 onces, à 28 livres le marc. 1,050 livres 10 sols.

168. Deux cocos, l'un garni de vermeil, l'autre à ouvrage.
12 livres.

169. Un bassin à barbier, un coquemart, un pot à eau,
7 marcs à 27 livres. . . . . 118 livres.

170. Deux cents jetons en deux bourses de velours.
110 livres.

171. Trois croix du Saint-Esprit esmaillées poisant ensemble
7 onces à 48 livres l'once. . . . . 336 livres.

172. Une grande plaque et quatre bras de cuivre doré
ouvragés . . . . 20 livres.

Toute laquelle vaisselle a été trouvée en deux coffres.

Vaisselle d'argent servant ordinairement tant en la chambre de Madame et de Mademoiselle qu'en l'office et cuisine.

173. Deux bassins ovales, dix grands plats, cinq petits,
huit assiettes creuses, deux aiguières, un saladier, une salière,
un vinaigrier, un sucrier, deux soucoupes, trente assiettes,
six cuillères, six fourchettes, deux petits bassins à cracher,
un poislon, pesant 182 marcs 6 onces, à 27 livres.
5,923 livres 15 sols.

174. En la chambre de Madame un bassin rond en forme de jatte, une soucoupe, une esguière, deux chandeliers à la financière, un coquemart, une cuillère, une fourchette, une spatule, une petite cuillère à pan, et un petit chandelier à estoile, le tout 13 marcs 5 onces, à 27 livres.

421 livres 17 sols 7 deniers.

175. En la chambre de Mlle de Rambouillet : un petit bassin, une esguière, deux flambeaux, 6 marcs 3 onces.

226 livres 2 sols 6 deniers.

176. Deux grands flambeaux et deux chandeliers à la romaine, 16 marcs et demi, argent d'Italie, à 25 livres.

341 livres.

Samedi 3 août 1652 après midi continuant par lesdits notaires ont été inventoriés les tiltres et papiers.

1° Le contrat de mariage du marquis de Rambouillet et de la dame sa veuve passé devant Briquet [1] et Girault [2] le 27 janvier 1600 par lequel a été stipulé qu'ils seroient communs en biens selon la coutume de Paris sans néantmoins estre tenus des dettes l'un de l'autre nées avant ledit mariage et sans aussy que les rentes et deniers qui estoient et seroient mis en banques en la ville de Rome ou ailleurs appartenant à la mère de la dicte dame soient tenus pour meubles ; en faveur du mariage Nicolas d'Angennes [3] seigneur de Ram-

---

[1] Aujourd'hui étude de Me Chevillard. Pierre Briquet, 1575-1625.

[2] Aujourd'hui Me de Meaux, 21, rue Thérèse. Alex. Girault, 1588-1604.

[3] Quatrième fils de Jacques et d'Élisabeth Cothereau, seigneur de Rambouillet de la Villeneuve et de la Moulonnière, vidame du Mans, gouverneur de Metz, conseiller d'État, lieutenant général des armes des rois Charles IX et Henri III. Il quitta la charge de capitaine des gardes pour celle de capitaine de la seconde compagnie des gentilshommes de la maison du roi, dont il fut pourvu en janvier 1587. Au commencement de l'année 1566, le roi Charles IX l'envoya en Angleterre en qualité de son ambassadeur extraordinaire. Il était, le 16 mai de la même année, lieutenant d'une compagnie de trente lances sous Jacques d'Angennes, son frère. Il fut un des gentilshommes servants de la maison du roi et grand maréchal des logis, gentilhomme de la Chambre, et chambellan ordinaire d'Henri III. En 1604, il était capitaine de cent gentilshommes de la maison d'Henri IV, et vivait encore le 5 février 1611, âgé de quatre-vingt-un ans.

Il avait épousé Julienne, dame d'Arquenay, de Champfleury, de Bignon

bouillet et Jullienne d'Arquenay père et mère du deffunt luy ont fait don de 3,000 escus de rente en fond de terre et d'une maison meublée selon leurs qualités dont ils auraient promis luy passer transport et déclaration par *assignat;* pareillement Jullie Savelle veufve de Jean de Vivonne[1] marquis de Pizany père et mère de la dicte dame stipullant pour elle leur ont donné et dellaissé sur et en moins de ses droits successifs 2,000 escus de rente à prendre sur les biens du marquis spécialement sur les aydes de Xaintes, Saint-Jean-d'Angély et autres par luy acquis et oultre a accordé que le seigneur et futur espoux peut prendre la somme de 16,000 écus sur les assignations que le père de la future espouze avoit sur les recettes de Sa Majesté; *de toutes* les choses données à la future entreroit en communaulté la somme de 8,000 escus et le surplus luy demeurerait propre et aux siens de son costé et ligne. La future aurait esté douée de la somme de 2,000 escus de rente douaire prefix et de son habitation en la maison et chasteau du Plessis Bouret ou à faulte d'icelle autre chasteau, terre et seigneurie appartenant aux sieur et dame de Rambouillet qu'elle voudrait choisir meublée jusques à la valleur de quinze cens escus de revenu et a esté convenu que le survivant des futurs prendra par préciput pour quatre mil escus de meubles et qu'il sera loisible à la future de renoncer à la communauté, reprendre tout ce qu'elle aura apporté et luy

et de Maisoncelles, fille unique et héritière de Claude, seigneur d'Arquenay, vidame du Mans, et de Madeleine de Bourgneuf de Cucé.

[1] Fils d'Arthur et de Catherine de Bremond, seigneur de Saint-Gouard, marquis de Pysany, abbé de Valence, gentilhomme ordinaire de la Chambre, conseiller d'État et privé, chevalier des ordres du roi le 31 décembre 1583, capitaine de cinquante hommes d'armes des ordonnances, colonel de la cavalerie légère italienne, capitaine et gouverneur du château de Saintes, sénéchal de Saintonge, ambassadeur de France à Madrid et à Rome, et dans plusieurs autres pays, gouverneur de monseigneur le prince de Condé, épousa Julie Savelle, veuve de Louis des Ursins, et fille de Christophe Savelle et de Clarice Strozzi. Il mourut au château de Sainte-Maure-les-Fossés, près Vincennes, le 7 octobre 1599, après avoir testé en 1596.

Le comte Guy de Bremon d'Ars a publié sur Jean de Vivonne un remarquable ouvrage.

sera advenu aveq ses douaire et préciput franchement et quittement des deltes de la communaulté ainsi qu'il est plus au long porté par le contract en fin duquel il y a trois actes de l'insinuation d'icelluy tant au Chastelet qu'ailleurs. Au contract est attaché un acte passé devant les dits notaires le 28 d'apvril au dict an contenant l'exécution respective des promesses faites aux seigneur et dame futurs espoux par leurs père et mère et le dellaissement au futur pour les trois mil escus à luy promis en fonds de terre de la terre du Plecy Bouré, de la terre et seigneurie de Langeuil et vidamé du Mans et deux cens livres de rente que la princesse de Conty debvoit aux seigneur et dame de Rambouillet et encore de la terre et seigneurie d'Hauteville avec ses appartenances; les trois terres evalluées à 26,000 escus de revenu et pour les quatre cens escus restans ils auraient promis de fournir dans trois mois après des terres de la seigneurie de Rambouillet, et de la part de la marquise de Pizanni auroit esté transporté 1,150 escus de rente annuelle sur les aydes de Saint-Jean-d'Angély et de 850 escus de revenus sur les aydes de Xaintes.

2° Six pièces attachées ensemble; la première sont les lettres de naturalité de la marquise de Rambouillet, romaine de la très illustre maison [1] des Savelles, données à Brie comte Robert, au mois d'aoust 1593, signé Henry et sur le reply Par le Roy *Ruzé* et scellé,du grand sceau de cire verte.

La seconde *autres* lettres de naturalité de Jullia Savelle, de la dame Catherine de Vivonne et des autres enfans qui pourroient naître du mariage de Jean de Vivonne, marquis de Pisanni et de dame Jullia Savella, datée d'avril 1594, signé Henry et sur le reply Par le Roy Forget et scellé comme les susdites; sur lequel reply est escrit l'enregistrement des lettres de la Chambre des Comptes et au greffe du Trésor.

. La troisième est l'arrest de vérification de la Chambre des Comptes signé de la Fontaine.

_____

[1] La puissante maison de Savelle a donné deux papes, Honorius III, mort en 1227, et Honorius IV, mort en 1287.

La quatriesme sont d'autres lettres patentes portant jussion de la Chambre des Comptes de vérifier purement et simplement les lettres et lever la modiffication portée par l'arrest que lesdites dames viendraient dans un an après faire leur demeure en France, dattées du 17 septembre 1594, signé : Henry, et plus bas par le roy Forget au bas desquelles est l'enregistrement en Chambre des Comptes et greffe du Trésor.

La cinquième est l'acte de l'enregistrement au Trésor signé : Parigault.

Et la sixième est un arrest de la Chambre des Comptes du 18 novembre 1598, qui a donné acte au marquis de Pisanni comme la dame son espouze et la dame leur fille estoient lors en France.

3° Deux pièces attachées ensemble : la première, une quittance devant Le Semelier [1] et Bourgeois [2], le 12 avril 1613, contenant maistre Charles Thevenot ayant droict par transport de dame Charlotte de Bellenave, avoir reçu du marquis de Rambouillet comme héritière par bénéfice d'inventaire de ses père et mère la somme de 660 livres 15 sols que la dame de Bellenave avait payé en acquict des seigneurs, et dame de Rambouillet et maistre Charles Ferrand comme ayant les droits ceddés de la duchesse de Mercœur [3] pour les causes contenues en la quittance de Ferrand, laquelle attachée à la susdicte porte que c'est pour tous les intérêts de la somme de 2,400 livres les sieurs et dame de Rambouillet estoient tenus envers ladite duchesse.

La seconde est une autre quittance passée devant le Roy [4]

---

[1] Aujourd'hui étude de M⁰ Rey ou de M⁰ Duplan, suivant qu'il s'agit de Gilles ou Noël Le Semelier.

[2] Aujourd'hui étude de M⁰ Demanche, 8, rue de l'Odéon.

[3] Marie de Luxembourg, duchesse d'Étampes et de Penthièvre, vicomtesse de Martigues, fille de Sébastien et de Marie de Beaucaire, née à Lamballe le 15 février 1562, épousa à Paris, le 15 juillet 1579, Philippe-Emmanuel de Lorraine, duc de Mercœur, pair de France, fils de Nicolas et de Jeanne de Savoie, et mourut le 6 septembre 1623.

[4] Aujourd'hui étude de M⁰ Huilier, 83, boulevard Haussmann.

et Plaisant [1], le 12 décembre 1613, par laquelle Ferrand a reccu du marquis de Rambouillet 800 livres pour le parfaict payement tant des 2,400 livres intérests d'iceulx adjugés par sentence du 9 juin 1606 avec lesquelles pièces est aussy attaché la sentence et plusieurs autres pièces et procédures concernant cette affaire.

4° Une quittance passée devant Morel [2] et Briquet le 15 juin 1618, par Pierre de Castille, intendant des finances au marquis de Rambouillet comme héritier bénéficiaire du sieur de Rambouillet son père qui l'estoit de Claude d'Angennes [3], évesque du Mans son frère, de la somme de 1,140 livres qui estoit deue par le seigneur evesque du Mans, scavoir 600 livres par obligation du 4 septembre 1597 et 540 livres pour les intérests et despens adjugés contre le sieur de Rambouillet

[1] Aujourd'hui étude de M⁰ Bourrin, 9, boulevard des Capucines.

[2] Aujourd'hui étude de M⁰ Labouret, 146, rue Montmartre.

[3] Cinquième fils de Jacques et d'Élisabeth Cothereau, naquit au château de Rambouillet, le 26 août 1538. Après avoir fait ses premières études et sa philosophie à Paris, il les continua pour le droit à Bourges, puis à Padoue, revint en France après avoir parcouru l'Italie, et fut fait conseiller-clerc du Parlement de Paris. Le roi le députa vers Cosme de Médicis, duc de Toscane, et fut si content de la manière dont il s'acquitta de cette ambassade qu'il l'admit dans son conseil. Il fut fait président des enquêtes, nommé à l'évêché de Noyon, et en prit possession par procureur le 24 novembre 1578. Il avait fait hommage et serment de fidélité pour le temporel de son évêché le 11 du même mois, fut sacré dans la chapelle de l'évêché de Paris par Pierre de Gondy, et fit son entrée publique à Noyon le 8 février 1579. Il gouverna ce diocèse avec tant de sagesse qu'il mérita les éloges du cardinal saint Charles Borromée, assista en 1583 au concile de Reims et, deux ans après, à l'Assemblée générale du Clergé tenue à Paris, où il défendit en présence du roi, avec beaucoup d'éloquence, les libertés de l'Église. Après la mort de son frère Charles, cardinal de Rambouillet, il fut transféré à l'évêché du Mans, y fit son entrée le 3 avril 1588. Il fut député par le Clergé aux États qui se tinrent à Blois, et envoyé par le roi Henri III à Rome pour donner avis au pape Sixte V de la mort de Louis, cardinal de Lorraine, et d'Henri duc de Guise. Il fit encore un voyage en Italie en 1593 avec le duc de Nevers pour rendre, au nom d'Henri IV, l'obédience au Saint-Siège, harangua le roi au nom du Clergé au château de Folembray, le 24 janvier 1596, établit un séminaire des Pères de l'Oratoire et mourut au Mans le 15 mai 1601. François de la Guesle, archevêque de Tours, fit ses obsèques; Philippe Cospeau, évêque d'Aire, y prononça son oraison funèbre, et il fut enterré dans le chœur de sa cathédrale.

par sentence mentionnée en la quittance avec laquelle est attachée la grosse de l'obligation signée Girault et Jacques [1] et la sentence signée Landrey et exécutoire de despens et ordre de procedure.

Du jeudy après midy 29 aoust continuant la confection du présent inventaire a esté inventorié ce qui suit :

5° Une quittance de rachat passée devant Simon Moufle [2] et Jean Mahieu [3] le 20 septembre 1606 par laquelle apert, noble homme Aristarque Tardieu, sieur d'Incarville, conseiller du roy, trésorier de France et général des finances en Champagne au nom et comme procureur de noble homme François Tardieu, son cousin sieur de Melleville, conseiller du Roy et général en sa cour des aydes avoir reccu de Charles Dangennes et Catherine Vivonne Savelle, à présent sa veufve, fille et seule héritière d'Anne Jullia Savelle, au jour de son décès veuve de Jean de Vivonne, marquis du Pisanni par les mains de M⁰ Mathieu Leigne, advocat en parlement soy disant avoir charge des affaires des dicts sieur et dame, la somme de 9,600 livres pour le rachapt et descharge de 800 livres de rentes réduits de 266 escus deux tiers de rente, au sieur M⁰ François Tardieu apartenant et deue par les marquis et marquise de Pisanni, comme ayant droit par transport de Cardin Le Bret, chevalier seigneur de Flacour, conseiller du Roy en ses conseils d'estat et privé et son advocat général en sa cour de parlement à Paris, par contract devant Thevenyn et de la Morlière, le 8 avril 1606 et auquel Le Bret iceulz 266 escus deux tiers de rente cy devant et des le 13 mai 1600, par contrat signé J. Mahieu et Mahieu, furent constituéz par Jullia Savelle et M⁰ Tardieu *insolidum* ; et 191 livres pour les arrérages depuis le 24 juin 1606 ; avec laquelle quittance

[1] Étude de M⁰ Legay, 82, rue Saint-Lazare. Martin Jacques, 1584-1604.
[2] M⁰ Cherrier, 44, rue du Louvre. Simon Moufle, 1604-1638.
[3] M⁰ Batardy, notaire, rue Saint-Lazare, n° 76. Jean Mahieu, 1596-1611.
[4] M⁰ Desmonts, place de la Concorde, 8. Jean Thevenin, de 1588 à 1631.
[5] Aujourd'hui M⁰ Laverne. Claude de la Morlière, 1596-1610.

s'est trouvé le contract de constitution et une promesse
d'indempnité passée par Jullia Savelle à Tardieu, le jour de
la constitution et plusieurs quittances soubs seing privé des
arrérages signées Tardieu.

6° Procès-verbal de Henri Legrand, conseil du roi en ses
conseils, maître des requestes en cette partie, du 16 septembre 1640 contenant la comparution du marquis de Rambouillet et de ses créanciers pour la distribution de cent
mille livres de principal et 11,353 livres 18 sols 6 deniers des
intérêts du prix de la charge de maître de la garde-robe du
roi, dont il était pourvu [1] par lui vendue à Edme de la
Chastre, comte de Nancey [2]. Lesdites sommes consignées
entre les mains de Pierre de Tionne, garde des productions du
Conseil.

7° Quittance devant Bellehache [3] et Marion [4] du 21 novembre 1645 par Claude Josse, secrétaire de la chambre du

---

[1] Il s'amusoit à servir le roy au lieu de laisser faire le premier valet de
garde-robe, et à tenir au beau de sa charge. Le feu roy qui n'avait pas
toute la considération nécessaire, lui donnait quelque fois, car il avait la
vue faible, ses mains au lieu de ses pieds, et l'on dit qu'une fois il lui
avait tendu le cû au lieu de la tête. Peut-être cela servit-il à le faire reti-
rer, et puis il avait besoin d'argent. (Tallemant des Réaux.)

[2] Fils d'Henri et de Marie de la Guesle, dit le marquis de la Châtre,
comte de Nançay, acheta moyennant trois cent mille livres (inventaire
de 1666), la charge de maître de la garde-robe du roi, puis celle de colonel général des Suisses et Grisons en 1643, qu'il fut obligé de remettre
huit mois après au maréchal de Bassompierre qui en avait été dépouillé
sous le règne de Louis XIII, et qui y rentra parce que le marquis de la
Châtre se voulut conserver l'amitié du duc de Beaufort et de la duchesse
de Chevreuse que la reine avait abandonnés. Ensuite, il alla en Allemagne,
se signala à la bataille de Nordlingen où il demeura prisonnier et mourut
le 3 septembre 1645.

Il avait épousé, le 10 mai 1632, Françoise de Cugnac, fille de François,
marquis de Dampierre, lieutenant général au gouvernement d'Orléans, et
de Gabrielle Popillon du Riau, qui mourut le 21 octobre 1645.

Edme de la Châtre, dans les dernières années de sa vie, écrivit ses
mémoires qui ont été plusieurs fois imprimés à la suite de ceux de La
Rochefoucault.

[3] Aujourd'hui étude de M° Cottin, 6, rue Royale-Saint-Honoré. 1633-1652.

[4] Étude de M° Nottin, 5, rue de la Ville-l'Évêque. 1617-1651.

roi et Catherine Prouart, sa femme, Jean Cassan, Bourgeois
de Paris et sa femme Marie Prouart, sa femme, au marquis
de Rambouillet et la dame son épouse, de 530 livres pour
amortissement de 200 livres de rente constituée par Nicolas
d'Angennes et Julienne d'Arquenay et Me Robert de Souvigny
à Hierosme Lebon, avocat en parlement, par contrat devant
Faideau [1] et de Saint-Waast [2].

8° Quittance du 14 novembre 1646, par René Louvel, sieur
de Moignié, chanoine de Rennes, procureur du chapitre
dudit lieu, au marquis de Rambouillet de 474 livres pour
rachat et arrérages de 12 livres de rente constituée par Magdeleine de Bourgneuf, veuve de Claude d'Arquenay et autres,
le 8 décembre 1560.

9° Contrat devant Ogier [3] et de Beauvais, le 20 mai 1648,
Me Nicolas Trenard, procureur de messire Antoine de Lenoncourt [4], chevallier, seigneur de Marolles et de Marie d'Angennes son espouze héritière de dame Jeanne d'Halluin, sa
mère, en cette qualité créantière de la succession Philippe
d'Angennes [5], chevallier, seigneur du Fargis, son père ;
messire Charles Dangennes [6], chevalier seigneur du Fargis

---

[1] Aujourd'hui étude de Me G. Robin, boulevard Sébastopol, 62. 1580-1624.

[2] Étude de Me Merlin, boulevard Saint-Germain, 227. 1621-1667.

[3] Étude de Me Carré, place des Petits-Pères, 9. 1632-1681.

[4] Fils de Claude et de Anne de Maumont, seigneur de Marolles et de
Poligny, bailli de Bar-sur-Seine, lieutenant de la Compagnie des gendarmes
du maréchal du Plessis-Praslin, maître de camp d'un régiment d'infanterie,
épousa, par contrat du 13 septembre 1602, Marie d'Angennes, fille de Philippe, seigneur du Fargis et de Jeanne d'Halwin.

[5] Fils de Jacques et d'Élizabeth Cothereau, seigneur du Fargis, gouverneur du Maine et du Perche, gentilhomme de la chambre du roi Henri III,
chambellan du duc d'Alençon, capitaine de cinquante hommes d'armes et
lieutenant général au pays du Maine, fut tué au siège de Laval, en 1590.

Sa femme, Jeanne d'Halwin, fille de Charles, duc d'Halwin, pair de
France, chevalier des ordres du roi, marquis de Pienzes, et d'Anne Chabot,
était, en 1585, dame d'honneur de la reine mère, Catherine de Médicis.

[6] Fils de Philippe et de Jeanne d'Halwin, seigneur du Fargis, comte de
Rochepot, conseiller d'État, ambassadeur en Espagne en 1620, 1621, 1622
et 1624, était, dit Tallemant des Réaux, « homme de cœur, d'esprit et
de scavoir même, mais d'une légèreté estrange ». Sa femme, Madeleine

d'une part et la marquise de Rambouillet comme procuratrice du marquis héritier par bénéfice d'inventaire de Nicolas
Dangennes, son père, d'autre part avoir transigé de plusieurs
et différentes choses et ladite dame de Rambouillet, ès noms,
avoir promis payer ausdits sieur et dame de Marolles
49,067 livres 15 sols 6 deniers qui restoit à payer de
85,205 livres 17 sols 10 deniers. Quittance de 46,067 livres
15 sols 6 deniers par ledit Trenard à la dame de Rambouillet
par devant lesdits Ogier et de Beauvais le 4 avril 1648. Reçu
par le même receveur des consignations d'Angers des
3,000 livres faisant le parfait payement. Ratification par le
sieur et dame de Lenoncourt le 30 juin 1648.

10° Lettres du 18 juin 1638 signées Savary promettant au
marquis de Rambouillet du lui fournir 2,400 livres inconti-
nent après qu'il aura reçu de sieur Latouche, fermier de la
terre et seigneurie de Daniel, la somme qui lui a été cédée par
ledit marquis et de lui apporter en même temps quittance de
3,600 livres de demoiselle Elisabeth Boisconeau, veuve de
M. Canaye, maître des comptes.

11° Du 7 avril 1633 compte du marquis de Rambouillet
avec le sieur de la Garde et 8 avril promesse par le sieur de
la Garde au même de 5,535 livres.

12° Contrat de mariage de Charles de Sainte-Maure, marquis de Montauzier et de Julie-Lucine d'Angennes, devant de
Beaufort [1] et de Beauvais [2] le 27 juin 1645, par lequel apert
les marquis de Rambouillet et son épouse avoir donné à leur
fille, en avancement d'hoirie de leurs futures successions, le
marquisat de Pisani, le fief de Faye en déppendant et la
baronnie de Talmont situées en Xaintonge à la charge
d'être acquittées par les sieur et dame de Montauzier, tant en

de Silly, fille d'Antoine de Silly, comte de Rochepot, chevalier des ordres
du roi, gouverneur d'Anjou, et de Marie de Launoy d'Ameraucourt, fut
dame d'atour de la reine Anne d'Autriche et mourut en 1639.

[1] Étude Rey. La minute a été détruite dans un incendie.
[2] Étude Chevillard. Michel de Beauvais, 1618-1664.

principal qu'arrérages de la rente de 1,527 livres en deux
parties deue aux héritiers de M. de Meux ; oultre lesquelles
terres les seigneur et dame de Ram.bouillet auroient promis de
donner à leur fille pour 30,000 livres de bagues et joyaux ;
la dame de Montauzier de son chef auroit aussy promis
apporter au seigneur de Montauzier la part qu'elle avoit en
l'engagement des coches d'Orléans, laquelle estoit ung sep-
tiesme et ung vingtiesme ou environ au total du dict engagement et montant à 42,697 livres plus 10,000 livres en
deniers comptans, et encore a esté accordé qu'arrivant le
déceds de l'ung ou de l'autre des sieur et dame de Rambouillet les seigneur et dame de Montauzier ne pourront
demander aucun compte ny partage du bien du prédéceddé
ains le survivant en jouira sa vie durant. En fin du contract est
la quittance par le marquis de Montauzier et la dame son
espouze des 30,000 livres de bagues à elle promises, des
dix mil livres d'argent comptant et des pièces de l'acquisition de partie des coches d'Orléans.

13° Grosse en parchemin du bail passé devant de Beaufort
et de Beauvais, le 22 juillet 1646, par la dame de Rambouillet,
au nom de son mari, pour six ans du jour de Pâques 1647, à
François Lefrère, sieur de la Chicarderie, demeurant en la
paroisse de Marcé au Maine, et à Françoise Quelquejeu, sa
femme, de la chastellenie de Dangeuil, pour 2,700 livres et
deux douzaines de chapons gras portés en leur hostel à
Paris.

14° Original en parchemin signé Fontaine, notaire royal en
la cour du Mans, le 25 juillet 1646, d'un bail passé par Rémy
Maufey, sieur de la Pierrière, avocat au siège présidial d'Angers, procureur du marquis de Rambouillet, à Jean Cham-
pion, laboureur, et Marie Jourdau, sa femme, pour six années
de la Toussaint 1646, de la métairie d'Usage moyennant
275 livres.

15° Bail signé Trouillart, notaire royal au pays du Maine,
le 24 juillet 1648, par le sieur de Chavaroche, procureur de

la marquise de Rambouillet, à Renée Lefebure, veuve de Jean Beluc, sieur de la Grandmaison de la terre de Champfleury à Arquenay, le Bignon et Maisoncelles en Anjou pour 4,200 livres et deux douzaines d'andouilles.

Du mardi 24 septembre 1652 continuant par lesdits notaires le présent inventaire a été représenté par ladite dame de Rambouillet.

16° Une promesse signée Bertault du 15 mars 1648 à ladite dame de 24,000 livres.

17° Bail de la terre de Daniet fait par ladite dame à René Le Jarrel, sieur de la Renardière, le 30 octobre 1644, prolongé le 20 août 1651 pour 2,000 livres de ferme en faveur de René de la Bitte, avocat en parlement.

Item a fait représenter auxdits notaires le manteau de chevalier du Saint-Esprit du défunt d'ancienne broderie, et qui a servi à feu M. de Rambouillet, son père, prisé 200 livres.

Et quant aux autres papiers concernant les propriétés des terres, ladite dame a déclaré qu'ils sont aux châteaux d'icelles terres ; ne sait s'il y a inventaire, et s'il s'en trouve, elle en fera faire un recollée par les officiers de ces lieux. Comme aussi a déclaré qu'au jour du décès du défunt il y avait en ladite maison 3,600 livres en deniers comptans, laquelle somme est consommée en partie de la dépense qu'il a fallu faire.

Déclare pareillement qu'elle ne peut savoir quelles dettes sont par lui dues et qu'au fur et à mesure qu'elles viendront à sa cognoissance elle en fera faire un mémoire.

Et sont demeurés en la possession de ladite dame tous les meubles, vaisselle et papiers inventoriés au présent inventaire, dont elle s'est chargée, etc.

(L'inventaire est signé de Beaufort et de Beauvais.)

II

INVENTAIRE, APRÈS LE DÉCÈS DE DAME CATHERINE DE VIVONNE-SAVELLE
VEUVE DE MONSIEUR LE MARQUIS DE RAMBOUILLET, DES MEUBLES
ET PAPIERS TROUVÉS EN L'HOSTEL DE RAMBOUILLET, A PARIS. EN
SUITE DUQUEL EST CELUI FAIT AU CHASTEAU DE RAMBOUILLET
DES MEUBLES QUE LADITE DAME Y AVAIT ENCORE (1666).

7 janvier 1666

L'an 1666, le jeudy sept janvier, après midi, à la requeste
de très hault et très puissant Seigneur Charles de Sainte-Maure,
duc de Montausier, pair de France, chevalier des ordres du
roy, marquis de Rambouillet et de Pizany, comte de Berkein
et de Talmond sur la Gironde, baron de Sales, seigneur de
Pugny [1] et autres lieux, conseiller du roy en ses conseils,
gouverneur et lieutenant général pour Sa Majesté en ses
provinces de Xaintonge et Angoumois, son lieutenant général
en la Haute et Basse Alsace et commandant pour son service
en la province de Normandie, demeurant à Paris, dans le
chasteau du Louvre, paroisse Saint-Germain-l'Auxerrois. Au
nom et comme exécuteur des testaments et codiciles portant
ordonnance de dernière volonté de haulte et puissante dame
Catherine de Vivonne Savelle, au jour de son déceds, veufve
de haut et puissant seigneur Charles Dangennes, vivant chevalier des ordres du Roy, marquis de Rambouillet et de Pizany, reçus par Hubault [2] et Chuppin, l'un des notaires soubzsignez, les 25 et 27 décembre dernier. Et en la présence de
très haute et puissante dame Julie-Lucine Dangennes, duchesse
de Montausier, dame d'honneur de la Royne, légataire parti-

---

[1] Canton de Moncoutant, département des Deux-Sèvres.
[2] Aujourd'hui étude Grignon, boulevard Saint-Michel, n° 26.

culière, donataire et légataire universelle pour moitié de la
marquise de Rambouillet, sa mère, icelle dame duchesse de
Montausier, espouse du seigneur duc, autorisée par justice à
la poursuite de ses droits, demeurant dans le chasteau du Louvre en son appartement ; et de haut et puissant seigneur
M. François Adheimar de Monteil de Grignan[1], lieutenant général pour Sa Majesté en sa province du hault et bas Langue-
doc, demeurant à Paris en l'hostel de Rambouillet, rue Saint-
Thomas-du-Louvre, paroisse Saint-Germain-l'Auxerrois, tant
en son nom que comme tuteur de D^{lles} Louise-Catherine et
Julie-Françoise[2] Adheimar de Monteil de Grignan, filles
mineures de luy et de haute et puissante dame Angélique-
Clarice Dangennes, jadis son espouse, mineures donataires et
légataires universelles pour l'autre moitié de la marquise de
Rambouillet leur aïeule maternelle, et à la conservation des
droits des parties, et ce qu'il appartiendra fut et a esté faict

[1] Fils de Louis Gaucher et de Marguerite d'Ornano, est surtout connu
comme gendre de Mme de Sévigné. Il mourut à l'âge de quatre-vingt-cinq
ans, le 30 décembre 1714, après avoir contracté trois alliances : 1° avec
Angélique-Clarice d'Angennes ; 2° avec Marie-Angélique du Puy du Fou,
fille de Gabriel, marquis du Puy du Fou, et de Madeleine de Bellièvre, et
3° avec Françoise-Marguerite de Sévigné.

[2] Mme de Sévigné parle très souvent d'elle dans ses Lettres, elle l'appelle
Mlle d'Alérac et aussi la princesse. On lit dans le Journal de Dangeau, à
la date du 20 janvier 1686 : « Mlle de Grignan l'aînée s'est mise dans les
Carmélites ; la résolution qu'elle a prise rendra Mlle d'Alérac, sa cadette, un
parti très considérable ; on croit qu'elle aura plus de 500,000 livres. » Cette
évaluation n'est certainement pas exagérée, car la duchesse de Rambouillet
toucha dans la succession de ses père et mère une part estimée 540,000 liv.
(inventaire de 1671). Cette belle fortune fit rechercher en mariage
Mlle d'Alérac par Gaspard, vicomte de Polignac, qui épousa, en 1688, Marie
Armande de Rambures. Ce projet d'union, qui flattait beaucoup les Grignan,
échoua devant le mauvais vouloir de Montausier. « On se persuade aisément, écrit le 13 décembre 1684 Mme de Sévigné à sa fille, que la crainte de
ne point voir cette jolie fille établie ne touche guère M. de Montausier, et
qu'il envisage sans horreur tout ce qui en peut arriver ; mais je vous
avoue que j'en serais affligée. » Mlle d'Alérac contracta à Paris, le 7 mai 1689,
« un mariage fort inégal », dit Saint-Simon, avec Henry-Emmanuel Hurault,
marquis de Vibraye, colonel du régiment de Boulonnais-infanterie, fils de
Henry et de Polixène Le Coigneux.

par les notaires gardenotes du Roy soubzsignez bon et loyal
inventaire et description de tous et chacun les biens, meubles,
ustensiles, habits, linges, hardes, or et argent monnoyé et
non monnoyé, papiers, et généralement de tous les biens de
la succession de la marquise de Rambouillet, tels qu'ils se
sont trouvez en la salle, chambre, antichambre, cabinets, et
lieux qu'occupait la défunte au premier étage de l'hostel de
Rambouillet où elle seroit décédée le 27 décembre 1665, et
aussi aux caves dans lesquelles elle faisoit mettre ses provisions, le tout après que les scellez mis et apposez, aussitôt le
deceds de ladicte dame arrivé, sur les biens et effects par elle
délaissés esdicts lieux, par M. Pierre Le Musnier commissaire
examinateur et enquesteur pour le Roy au Chatelet, ont esté par
luy reconnus sains et entiers et ensuite levés et ôtés suivant la
permission du lieutenant civil estant au bas de la requeste à
lui présentée, annexée au procez verbal du dict commissaire,
les dicts biens et effets monstrés par Nicolas du Mont, sieur
du Parc, maître d'hostel de la deffuncte, D^{lle} Françoise de
Montaury, sa fille d'honneur, Marie Legras, sa femme de
chambre, femme du sieur Bicart, Estienne Juest et Jean La
Coste, ses valets de chambre, Marie Salingre et Magdelaine
Bourdet ses servantes, et par Allain Hardy son portier; tous
lesquels demeuroient au service de la deffuncte au jour de
son deceds, après serment par eux faict aux mains des dits
notaires de tous les dits biens retenir soubs les peines en tel
cas introduicte, iceux biens, meubles et ustensils prisés et
estimés par Claude Marchand, huissier sergent à verge au
Chastelet et priseur juré, vendeur de biens meubles en cette
ville prévosté et vicomté de Paris, qui a faict la prisée en sa
conscience, eu esgard au cours du temps présent. Protestation faicte par la duchesse de Montausier que l'inventorié des
choses à elle légués en particullier ne pourra estre tirée à
conséquence ni faire préjudice aux legs particuliers faits à
son profit par la marquise de Rambouillet; et ont les parties
comparantes signé aveq les domestiques sergent et notaires

soubzsignez fors La Coste et Magdelaine Bourdet qui ont déclaré ne savoir escrire ne signer de ce interpelle [1].

SAINFRAY [2].   CHUPPIN [3].

1. Premièrement ès caves s'est trouvé six voies de bois et un millier de fagots, prisés. . . . . 100 livres [4].

2. Dans la grande salle une paire de chenets à pommes de cuivre. . . . . 8 livres [5].

3. Neuf chaises et une forme (banquette) couvertes de tapisseries. . . . . 12 livres [5].

4. Table tirante par les deux bouts couverte d'un tapis façon de Turquie. . . . . 10 livres [5].

5. Huit tableaux sur toile, sans bordure, dont sept Bassan et l'autre représentant saint Mathieu. . . . . . 120 livres [6].

6. Dix pièces de tapisserie de haute lisse de la Marche, représentant diverses chasses. . . . . 300 livres [7].

[1] La vente des meubles qui figurent dans cet inventaire eut lieu du 11 août au 2 septembre 1666. Nous en possédons le procès-verbal. Les termes de l'inventaire y étant textuellement reproduits, nous nous contenterons de noter les prix d'adjudication qui ainsi pourront être facilement comparés aux prix d'estimation.

Les meubles désignés sous les articles 1, 2, 6, 7, 9 à 16, 17 en partie, 19, 22, 50 en partie, 55, 75, 80 en partie, 82, 84, 85, 88, 90, 92, 96, 173 en partie, 175 à 182, 184, 195, 203 en partie, 204, 218, 226 en partie, 232 à 234, 245, 248 en partie, 249 en partie, 253 en partie, 254, 268 en partie, 269, 287, 303, 304 en partie, 305 en partie, 306 en partie, 307 en partie, 312 à 314, 322 de l'inventaire de l'hôtel de Rambouillet, et 3, 7, 9, 12, 13, 16, 17 à 24, 30 à 32, 40, 47, 55 à 58, 60, 68, 70, 72, 74, 78, 79, 80 à 82, 86 à 88 de l'inventaire du château de Rambouillet, furent adjugés à la dame Toussaint pour la duchesse de Montausier.

[2] Charles de Saint-Fray a pour successeur actuel M⁰ Mouchet, faubourg Montmartre, 57. 1663-1700.

[3] Jean Chuppin, remplacé aujourd'hui par M⁰ Delafon. 1661-1690.

[4] Adjugé à 100 livres.

[5] Adjugés à 25 livres 5 sols à Louis Lebastier, tapissier, avec le lot suivant.

Les meubles désignés par les articles 5, 26 à 49, 57, 59 à 75, 87 en partie, 97 à 101, 105 à 109, 112, 114 à 116, 117 en partie, 119, 121 à 124, 126 à 141, 158, 166, 174, 210, 255 à 259, 280 à 295, 301, 315 à 320, et 323 à 331, étaient légués par la défunte à la duchesse de Montausier.

[7] Adjugées à 580 livres.

5

7. Chaise à porter doublée de petite étoffe de fil, avec ses bâtons. 15 livres [1].

8. Grand cabinet de bois de noyer sur lequel le scellé est apposé comme contenant les papiers de la défunte ; la levée du scellé remise à une autre fois.

9. Dans la chapelle, près la porte de la salle, deux chandeliers, une croix, deux burettes, un calice, et la patène, le tout d'argent, pesant six marcs, à 25 livres le marc, 150 livres [2].

10. Deux chandeliers de cuivre argenté, un missel et son pupitre ; six petits tableaux de miniature servans sur l'autel, un grand tableau de la Nativité de Notre-Seigneur, avec bordure de bois doré. . . . . 75 livres [2].

11. Tenture de cuir doré avec le tableau de Notre-Dame-de-Liesse, garni de sa bordure de bois noirci. . . . 150 livres [2].

12. Chasuble, étole et fanon, voile du calice, bourse ; parement d'autel chamarré de galons d'or de Milan. . 30 livres [2].

13. Escabelle de bois de Chine ; placet couvert de velours vert, et cinq carreaux. . . . . 8 livres [2].

14. Aube garnie d'une dentelle de point coupé ; ceinture de soie blanche garnie d'or ; nappe d'autel garnie de dentelle. 30 livres [2].

Dans l'antichambre de la défunte :

15. Petite paire de chenets. . . . . 3 livres.

16. Six chaises, deux fauteuils, six sièges ployants couverts de tapisserie à œillets garnis de leurs housses de serge rouge
30 livres [3].

17. Une table de bois de noyer couverte d'un tapis de Turquie et un guéridon. . . . . 40 livres [4].

18. Petit coffre de bois et son pied. . . . . . . 20 livres.

---

[1] Adjugée 15 livres.
[2] Ces six numéros avec les articles 175 à 182 furent adjugés à 942 livres.
[3] Adjugés à 60 livres.
[4] Laissé à 16 livres.

19. Tenture de six pièces de tapisserie de haute lisse représentant l'embrasement de Troie. . . . . 500 livres [1].

20. Sous la table couverte d'un tapis de Turquie s'est trouvé une malle couverte de peau garnie de bandes de bois, sur la serrure de laquelle le scellé est apposé. Reconnu sain et entier il a été levé et s'est trouvé 333 louis d'argent valant 58 sols, ensemble 976 livres, qui ont été confiés au sieur du Parc. Plus s'est trouvé un petit coffre couvert de maroquin rouge avec garnitures de cuivre doré que la duchesse de Montausier a déclaré appartenir avec ce qui est dedans à Mgr le Dauphin, auquel il en fut fait présent par l'ambassadeur d'Espagne pendant qu'elle était gouvernante des enfans de France, et l'avoit dès ce temps confié en garde à la marquise de Rambouillet, sa mère, qui avoit omis de le lui remettre. Et ainsi requière qu'il soit mis ès mains de quelqu'un pour le porter à Mgr le Dauphin. Ouverture faite, il ne s'est trouvé dedans que de menues besognes de vermeil. Il a été confié à Nicolas du Mont, sieur du Parc, pour le porter à Monseigneur ; s'étant aussi trouvés plusieurs papiers ont été réunis dans ledit coffre et le scellé réaposé sur la serrure par le commissaire Le Musnier.

21. Dans l'antichambre s'est trouvé une table d'esbeine sur chassis de bois noirci, que la duchesse de Montausier a réclamé comme lui appartenant.

22. Dans la même antichambre un cabinet de bois violet garni de plusieurs tiroirs, sur chassis à six colonnes. . . .
100 livres [2].

Dans les tiroirs se sont trouvés 183 louis d'or, à 10 livres. 15 sols, ensemble 1,967 livres 5 sols. Plus 235 pistoles à 10 livres 15 sols, ensemble 2,526 livres.

Plus 457 escus d'or à 111 sols 6 deniers, ensemble 2,547 livres 15 sols 6 deniers. Plus 138 louis d'argent à 58 sols, ensemble 400 livres 4 sols.

[1] Adjugé à 790 livres avec l'article 195.
[2] Adjugé à 115 livres.

Une bourse de velours vert contenant cent jetons dont la prisée n'a pas été faite.

Plus trois testons, ensemble 65 sols 6 deniers. Plus deux louis d'argent et un demi-louis, ensemble 7 livres 5 sols.

Ces deniers ont été baillés ès mains de M⁰ Urbain Lambert, avocat en parlement, secrétaire de la Royne, lequel s'en est chargé.

Le vendredi huit janvier 1666, huit heures du matin, en continuant par lesdits notaires le présent inventaire, a été trouvé dans les tiroirs du même cabinet :

23. Six paires de gants de peau d'Espagne parfumée. 40 sols [1].

21. Quatre éventails parfumés, 5 paires de gants. 3 livres[1].

25. Quatre paires de gants de peau d'Espagne. . 30 sols [1].

L'examen des papiers trouvés dans les tiroirs est remis à plus tard.

26. Quelques menues besognes : une médaille d'or à l'antique, une bague et un poinçon d'or, un pistolet garni d'une petite chaîne d'or, et une croix d'or émaillée de blanc, ont été estimés, par Antoine Delafosse, orfèvre, bourgeois de Paris, à . . . . 130 livres.

27. Un chapelet de paste de parfums dont le cordon est d'or trait. 20 livres.

28. Deux gerbes d'or et un grain d'or émaillé de blanc. 100 sols.

29. Un petit coffre, deux bagues et plusieurs médailles. 24 livres.

30. Plusieurs médailles d'argent fort petites. . 12 livres.

31. Cinq onces d'ambre gris. . . . . 150 livres.

32. Une petite tablette d'écaille de tortue garnie d'argent, un estui d'acier, un chapelet de Cavembourg de plusieurs petites médailles d'or, une tablette de bracelet de jacinthe,

---

[1] Ces articles furent donnés avec un certain nombre d'autres aux femmes de chambre de la défunte.

un gros chapelet de bois garni de petites médailles d'or, ensemble. 20 livres.

33. Un chapelet de bois, la croix garnie à ses extrémités de ciselure d'or, plusieurs médailles et reliquaires d'or. 20 livres.

34. Une montre et sa chaîne d'or. . . . . 40 livres.

35. Une montre plate à l'antique, garnie de sa boîte peinte en mignature. . . . . 30 livres.

36. Une croix d'or et une bague d'or. . . . . 60 livres.

37. Plusieurs tissus d'argent servant de ceinture. 10 livres.

38. Petite croix d'or garnie de cinq petits diamants espais.
150 livres.

39. Bague où est un diamant taillé en long. . 30 livres.

Le duc de Montausier déclare que cette bague avait été léguée par la défunte à la demoiselle Desboulets.

40. Une bague en jonc entourée de petits diamans.
30 livres.

M. de Montausier déclare cette bague léguée à la comtesse de Crussol [1].

41. Quatre autres bagues à l'une desquelles est enchassé un rubis, à l'autre une émeraude avec quelques petits diamans, une autre une paste d'émeraude et l'autre représente un cœur émaillé. . . . . 30 livres.

42. Deux grosses perles à pendre et dix petites. 60 livres.

43. Une tablette d'un grenat, petite bague émaillée et petit rubis . . . . 9 livres.

44. Reliquaire garni de perles. . . . . 3 livres.

45. Miroir ovale. . . . . 25 sols.

46. Boiste d'or à filigraine servant à mettre un chapelet de perles garni de médailles, une croix et petite chaine d'or en tissu . . . . 90 livres.

---

[1] Marie-Julie de Sainte-Maure, fille de Charles, duc de Montausier, et de Julie-Lucine d'Angennes, mariée par contrat du 15 mars 1664 à Emmanuel de Crussol, duc d'Uzès, pair de France, chevalier des ordres du roi, fils de François et de Marguerite d'Apchier, mourut le 14 avril 1695, âgée de quarante-huit ans, et fut inhumée aux Carmélites du faubourg Saint-Jacques.

47. Un petit bougeoir d'argent. . . . . 100 sols.

48. Deux tablettes de jade. . . . . 3 livres.

Les papiers et tous ces objets ont été remis dans les tiroirs et le scellé réaposé sur le meuble.

La dame duchesse de Montausier proteste que cet inventaire ne puisse déroger au legs à elle fait de tout ce qui est contenu dans le susdit cabinet.

Le samedi 9 janvier 1666, à neuf heures du matin, en continuant par lesdits notaires le présent inventaire a été trouvé dans la chambre à alcove dans laquelle la défunte couchait :

49. Table de bois rapporté sur chassis de bois de noyer, réclamée par la duchesse de Montauzier. Dans son tiroir le scellé levé s'est trouvé un sac de 50 louis d'argent, à 58 sols, et un demi-louis de 29 sols, ensemble 146 livres 9 sols. Plus un sac de 247 louis 1/2 argent 717 livres 15 sols. Plus 25 sols en monnaie, lesquelles sommes remises aux mains de M. Urbain Lambert.

Sur ce que la duchesse de Montausier a témoigné avoir besoin de ladite table et de celle d'ébeine inventoriée dans la chambre de la défunte, les papiers contenus dans le tiroir de cette table ont été portés dans le bas du cabinet de bois violet et le scellé réaposé. L'inventaire continué dans la chambre à alcove, on a trouvé :

50. Une table d'ébeine rayée d'étain sur chassis à l'antique et deux guéridons de bois noirci. . . . . 20 livres.

51. Six chaises caquetoires, couvertes de tapisserie de rose garnie d'un petit mollet d'or et d'argent. . . . . . 40 livres.

52. Une couche à hauts piliers, deux matelas, traversin de plume, trois couvertures de laine blanche. . . . 80 livres[1].

53. La garniture du lit de satin noir à broderie de soie à fleurs, contenant trois rideaux, etc., garnis de mollet or et argent et frange ; quatre chaises et deux fauteuils de bois noirci couverts de pareille étoffe et de leurs housses de taffe-

᾽ tas noir. . . . . 800 livres [1].

54. Un tapis de pied de Turquie. . . . . . 20 livres [2].

55. Neuf rideaux de taffetas isabelle garnis d'un petit mollet d'or et d'argent . . . . 30 livres.

56. Cinq pièces de tapisserie à petits points de l'amour des Dieux, faisant le tour de l'alcove et de l'avant-chambre.

400 livres [3].

57. Un chandelier de cristal de roche à six branches.

400 livres.

58. Deux petites tables. . . . . 15 livres.

Et pour estimer les tableaux a été appelé, avec le sieur Marchand, Jean Nadeau, maître peintre demeurant à Paris, rue Saint-Honoré.

59. Dans la chambre à alcôve un moyen tableau à bordure dorée de la Vierge tenant un petit Jésus qui est copiée. 30 livres.

60. Deux petits tableaux, bordure de bois doré qui sont estampes peintes par derrière, l'une la Vierge, l'autre le portrait du roi. 30 sols.

61. Dans l'oratoire à côté du lit de la défunte un tableau rond, bordure de bois doré, réprésentant la Vierge dans un paisage, avec l'enfant Jésus, sainte Elisabeth et saint Jean qui est de Stella[4] . . . . 60 livres.

62. Petit tableau en miniature de la Vierge, bordure en cuivre doré . . . . 25 livres.

---

[1] Ces trois articles adjugés à 900 livres au sieur Saint-Germain pour le comte de Grignan, qui acheta aussi pour lui une trentaine de lots, quelques-uns d'objets usuels, de linge, etc.

[2] Laissé pour 11 livres à une fripière.

[3] Adjugée à 490 livres.

[4] Jacques Stella, né à Lyon en 1593, premier peintre du roi, avait un logement au Louvre et possédait une magnifique collection de tableaux. Il mourut à Paris le 29 avril 1657.

Dans l'œuvre de Jacques Stella, nous avons trouvé, gravé par Françoise Bouzonnet-Stella, un tableau répondant absolument à la description succincte de l'inventaire : Sainte Élisabeth à droite, la Vierge à gauche, l'enfant Jésus et saint Jean assis sur la terre, au pied d'une colonne ; dans le fond, un paysage français.

63. Petit tableau sur cuivre avec bordure d'esbeine et de cuivre doré de Notre-Dame-de-Pitié. . . . . . . 25 livres.

64. Moyen tableau sur toile garni de sa bordure de bois doré du Jardin des Oliviers. . . . . 30 livres.

65. Petit tableau sur toile, bordure de bois doré de la Vierge. 15 livres.

66. Petit tableau peint sur cuivre, bordure d'esbeine avec ornements de cuivre. Tobie et l'ange. . . . . . . 30 livres.

67. Vierge au pied de la croix tenant un christ sur ses genoux et soutenue par deux enfans, peint sur bois avec bordure dorée. . . . . 30 livres.

68. Le Christ sur la croix (pendant du précédent). 30 livres.

69. Deux tableaux du Christ et de la Vierge, bordure ornée d'une chaîne de cuivre. . . . . 15 livres.

70. Neuf autres tableaux. . . . . 9 livres.

La duchesse de Montausier réclame les tableaux comme compris dans son legs.

Dans l'oratoire s'est encore trouvé :

71 à 76. Crucifix d'esbeine avec christ de cuivre et autres objets dans l'oratoire.

77. Un chauffepied de bois couvert de feuilles d'argent.
36 livres.

78, 79. Carreaux et oreillers.

80. Un justaucorps de moire noire doublé de peau de gorge de renard ; manteau de velours noir avec broderies doublé de queue de martre, petit manteau de camelot de Hollande, doublé de peau de martre ; jupe de popeline rayée feuille morte et noire, doublée de martre ; couverture de taffetas de Chine, doublée de peau de cygne ; fourreau à mettre les pieds doublé de peau d'ours . . . . 300 livres[1].

81. Robe de chambre ouatée de taffetas de la Chine, grise

[1] Le manteau de velours et la couverture de taffetas vendus 200 livres.

rayée, doublée de taffetas blanc, rayé ; deux mantelets, trois couvertures . . . . 60 livres.

82. Trois chaises de bois noirci couvertes de paille. 3 livres[1].

Dudit jour 9 janvier, deux heures de relevée.

Dans la grande chambre bleue à côté de la première.

83. Table d'esbeine couverte d'argent façonné et ciselé où sont empreintes plusieurs têtes d'empereurs, sur son pied de bois noirci . . . . 60 livres[2].

84. Une table d'esbeine garnie de plaques de cuivre doré sur chassis de bois tort. . . . . 48 livres.

85. Grand miroir de 32 pouces, bordure d'ébeine garnie de plaques de cuivre doré ciselé. . . . . 120 livres.

86. Huit chaises, deux fauteuils et deux sièges ployans couverts de velours rouge cramoisi à franges d'or, six carreaux de peluche rouge garnis de grands galons d'or de Milan.
60 livres[3].

87. Un lit de repos, deux matelas de satin de Bouge vert, remplis de bourlamisse (bourre de laine ?) et sa couverture de satin rouge bordée de fil d'or. . . . . 25 livres[4].

88. Deux rideaux de taffetas et deux de serge. 10 livres.

89. Petit cabinet de Chine, garnitures et coins de cuivre doré sur une petite table de pierres rapportées ; et deux globes sur leur pied de bois verni. . . . . 100 livres.

90. Ecritoire façon d'esbeine garni de cuivres. 10 livres.

91. Un miroir de toilette. . . . . 3 livres.

92. Deux guéridons de bois noir à colonnes torses.
20 livres.

93. Petit coffre de peau d'Espagne garni de plaques d'argent, fermant à clef, avec deux sachets de parfums garnis d'une dentelle d'argent. . . . . 50 livres.

---

1 Adjugées à 24 livres.
2 Vendue à Mme Herpin 101 livres 10 sols.
3 Adjugés à Pierre Benard, fripier, pour 165 livres.
4 Le même fripier le paye 60 livres.

94. Miroir avec plaque de cuivre ciselé. . . . . 25 livres.

95. Orloge sonnante de cuivre doré en dome. 30 livres [1].

96. Boîte ronde de bois de la Chine. . . . . . . 3 livres.

97. Sept grands vases de pourcelaine et 49 petits. 200 livres.

98. Cinq vases de pourceline de Hollande. . . . 50 sols.

99. Urne de cristal de Venise émaillée de fleurs ; sept vases et bouteilles en cristal de roche. . . . . 80 livres.

100. Dix-huit vases tant de fayence que de bois verni. 24 livres.

101. Cinq petites figures de bronze sur pied de bois noirci. 10 livres.

102. Huit pièces de tapisseries à portiques, paysage de Flandre . . . . 550 livres[2].

103. Deux petites plaques à miroir garnies de leurs branches. 10 livres.

104. Orloge de sable à quatre sabliers enchassés dans de l'argent. . . . . 30 livres [3].

105. Huit moyens tableaux et cinq petits représentant des paisages dans leurs bordures de bois doré. . . . 42 livres.

106. Deux tableaux de fleurs. . . . . 6 livres.

107. Un moyen tableau d'Alexandre. . . . . . . 6 livres.

108. Tableau de Vénus et Adonis. . . . . 20 livres.

109. Tableau représentant un triomphe et autre d'une dame à cheval reçue par trois déesses. . . . . . . 40 livres.

Dans un cabinet peint en suite de la chambre bleue [4].

110. Un petit lit de repos ; deux matelas, un dossier et

---

[1] Adjugée à la fripière Fumeron 53 livres 10 sols.

[2] Adjugée à 1,811 livres au sieur de Flesselles, tapissier à Paris.

[3] Donnée à Mme de Saint-Etienne, Isabelle-Louise d'Angennes, abbesse de Saint-Étienne de Reims, fille de la défunte.

[4] C'est sans doute le cabinet que Mme de Rambouillet « fit bâtir, peindre et meubler sans que personne de cette grande foule de gens qui allaient chez elle s'en fût aperçu » et dont « les trois grandes croisées à trois faces différentes répondaient sur le jardin des Quinze-Vingts, sur le jardin de l'hôtel de Chevreuse et sur celui de l'hôtel de Rambouillet ». (Tallemant des Réaux.)

deux carreaux, la couverture de toile d'or à fond de velours de diverses couleurs, garnie de franges et mollet d'or et d'argent ; dix chaises de bois noirci garnies de pareille étoffe.
100 livres [1].

111. Guéridon à trois pieds de griffon ; deux guéridons de mores . . . . 30 livres.

112. Deux tablettes dorées et 20 petits vases et verres sur ces tablettes. . . . . 12 livres.

113. Un moyen miroir à bordure de bois doré. 100 livres [2].

Le sieur Duparc a déclaré qu'il aurait vendu ce miroir à la défunte et qu'il lui était dû encore 90 livres.

114. Grand vase de cristal de Venise en forme de cuvette, les deux anses dorées, sur pied de bois noirci. . . 30 livres.

115 à 118. Tasse de cristal, boîtes d'écaille et d'ivoire, etc.,

119. Bassin ovale gaudronné en roche serpentine avec sa biure de même pierre garnie de cuivre doré. . . . 40 livres.

120. Deux sachets de parfum garnis de dentelle d'or et d'argent. . . . . 8 livres.

121. Douze tableaux de paysages de Flandre. 40 livres.

122. Tableau peint sur marbre représentant une Magdeleine. . . . . 15 livres.

123. Tableau peint sur cuivre représentant le martire de saint Estienne avec sa bordure de bois doré. 1,500 livres [3].

125. Urne de pourcelline avec son couvercle. 24 livres.

125. Bassin de bois garni de sa poisle de cuivre. 3 livres.

Au lundi matin 4 janvier a été inventorié ce qui suit.

126. Dans la chambre bleue se sont trouvées deux figures de bœuf d'esmaillé bleu et blanc montées sur un pied de cuivre doré. . . . . 4 livres.

127. Deux petits tableaux en broderie. . . . . 3 livres.

---

[1] Adjugé avec tapis assorti (n° 220), estimé 41 livres, au sieur Trédé le jeune pour 509 livres.

[2] Adjugé à 110 livres à la comtesse de Crussol.

[3] Voir l'inventaire de 1652, n° 73.

128 à 140. Benoistiers, tableaux de piété, reliquaires, etc.,
le tout sans grande importance.

141. Dans un petit coffre de nuit dans le cabinet peint à la
suite de la chambre bleue, cinq corbeilles d'osier garnies de
rubans de diverses couleurs et de passements d'argent.

40 livres.

142. Dans un petit coffre de nuit en la chambre de la
défunte, toilette de taby isabelle garnie d'une dentelle d'argent fort usée, trois serviettes, 3 bonnets, 3 peignes, deux
brosses à tête garnies d'argent. . . . . 40 livres.

Quatre boîtes de vermeil et d'argent seront jointes à la
vaisselle 143 à 147. Dans la garde-robe de la défunte à côté
son alcove s'est trouvé un justaucorps et juppe de popeline ;
des chaussons de drap ; un corps de taby isabelle ; les
manches fourrées de peau de lapin ; justaucorps et juppe de
ferandine grise ; corps de ratine en forme de chemisette ; bas
de ratine ; just-au-corps en ange de taffetas gris garni de ses
attaches de taffetas noir, etc.

148. Dix-huit aunes et demi de toile de Hollande neuve.

45 livres 5 sols.

149, 150. Dans la chambre du valet de chambre en la
petite montée. Lit, table, 2 chaises. . . . . 25 livres.

Le même jour deux heures de relevée.

Dans une chambre à côté de celle du valet de chambre servant à mettre meubles.

151. Deux matelas, 3 traversins, etc. . . . . . 20 livres.

152. Couverture à fond de satin rouge cramoisy, broderie
en toile d'or aux armes des prédécesseurs de la maison.

20 livres.

153 à 165. Tables, paravent, bahuts, chaises, lits, etc.

166. Quatre tableaux sur toile ; le jaloux de l'Estramadure,
une duchesse de Toscane, un petit Bassan et le bain de Diane.

20 livres [1].

[1] Ce tableau ne doit pas être confondu avec le bain de Diane d'Annibal

Dans la chambre du commun en galetas au second étage au-dessus de l'appartement de la défunte.

167. Chenets et pelle. . . . . 6 livres.

168. Couche à hauts piliers, matelas, etc. . . . 25 livres.

169. Trois tables . . . . 40 livres.

170. Trois chandeliers. . . . . 6 livres.

171. Un fusil monté sur son fust de bois. . . 8 livres[1].

172. 173. Bahuts.

174. Huit jasmins de fayence. . . . . 8 livres.

175. Dans un coffre une chasuble de satin vert à fleurs dont la croix est en broderie sur toile d'argent; étole, etc., pareils et devant d'autel. . . . . 50 livres.

176. Autre ornement gris de lin brodé d'or et d'argent.

200 livres.

177. Autre ornement de toile d'argent brodé d'or.

300 livres.

178. Autre ornement de satin noir. . . . . . . 80 livres.

179. Autre devant d'autel et ornement de toile d'argent à fleurs d'or. 300 livres.

180. Chasuble de gros taffetas violet. . . . . . 16 livres.

181, 182. Quatre nappes d'autel, etc.

Dans une chambre au niveau de celle ci-dessus, que le sieur Duparc occupe.

183 à 185. Chenets, table, petite couchette.

186. Lit à hauts piliers ; deux matelas, etc., rideaux et courtepointe de satin de Bouge brun rayé gris. . 40 livres[2].

187. Deux coffres à l'italienne.

188. Dans la cuisine, crémaillère, chenets, broche, gril, etc.

10 livres.

Carrache, rapporté d'Italie par Jacques Stella, qui passa des mains de Antoine Tambonneau, président des Comptes, dont le splendide hôtel de la rue de l'Université, chef-d'œuvre de Le Vau, contenait une merveilleuse collection de tableaux, dans celles du Régent.

[1] Adjugé à 10 livres à M. Chuppin.

[2] Donné à Mlle de Montaury par M. de Montausier et Mgr l'archevêque d'Arles.

189. Trois grandes marmittes, un coquemart, un poisson-
nier, etc., le tout de cuivre rouge. . . . .   50 livres.

190. Une fontaine et son bassin de cuivre jaune, etc.
                                                        20 livres.

191. Trois mortiers de fonte, un de marbre. . 10 livres.

192. Un tournebroche. . . . . 8 livres.

193. Plusieurs ustensiles d'étain 48 livres, à 10 sols.
                                                        24 livres.

194. Deux cloches, etc. . . . . 8 livres.

Du mardi 12 janvier huit heures du matin.

195. Dans le garde-meuble, deux pièces de tapisseries de
l'antichambre en laquelle il y en a six d'inventoriées.
                                                        130 livres.

196. Un lit de serge rouge. . . . . 20 livres.

197. Neuf morceaux de brocatelle de soie à fond bleu et
incarnat rehaussé d'or faux, 18 aunes de tour sur 2 3/4 de
haut, doublée de toile verte. . . . . 400 livres.

198. Neuf morceaux de cuir doré de Flandre de 10 aunes
de tour sur 2 3/4 de haut. . . . . 120 livres.

199. Deux petits tapis de Turquie sur la table. 30 livres.

200. Quatre pièces de tapisseries de Flandre à verdures
fort vieilles. 100 livres.

201. Six carreaux dont deux de velours rouge, etc.
                                                        20 livres.

203. Un grand matelas couvert de satin rouge, un couvert
de futaine, un de toile ; trois traversins. . . . . . 60 livres

205. Une cassette de velours rouge contenant 17 morceaux
de tavoyolle et point d'Espagne d'or et de soie et sept morceaux de toile à jour. . . . . 150 livres [1].

208. Petit cabinet d'Allemagne fort antique à fond bleu.
                                                        4 livres.

209. Petite table de noyer à pieds mouvans à manger sur
lit. . . . . 40 sols.

[1] Adjugée à 60 livres.

210. Une représentation d'une petite église de tal (talc) dans sa boîte de bois blanc. . . . . 4 livres.

211. Un petit cabinet d'esbeine en forme d'escriptoire. 100 sols.

212. Un escriptoire de cuir noir dans un petit coffre. 3 livres.

218. Un dais de velours vert chamarré doublé de damas vert, garni de sa crespine et mollet de soie. . . 60 livres [1].

220. Un tapis de toile d'or, à fond de velours. . 40 livres.

221. Un manteau de velours gris doublé de pluche grise ; autre de velours incarnat garni de galons d'or et d'argent ; autre de velours cramoisi garni de six grands galons. 200 livres [2].

223. Un tapis de soie à fond d'or en broderies représentant la Cène, et un autre représentant la Vierge. . . 200 livres [3].

224. Couverture de lit piquée de taffetas armoisé doublée de taffetas vert. . . . . 15 livres [4].

225. Un lit d'ange de taffetas incarnat rayé de blanc, trois rideaux, etc., huit chaises de même étoffe. . . 250 livres [5].

226. Un tour de lit de ligature fil et soie, noir, blanc et vert ; sept rideaux de fenestre et l'alcove semblable. 200 livres.

227. Un petit lit de camp de damas vert, rideaux, bonnes gruns, dossier garni d'une dentelle argent. . . . 80 livres [6].

228. Vieil pavillon de damas vert à bandes de velours garni de grands galons de soie. . . . . 40 livres.

232. Un lit de taffetas de la Chine blanc, jaune et incarnat ; rideaux, etc., courtepointe, six fauteuils, trois rideaux de fenestres, cinq pièces pour tapisserie et tapis de table du même taffetas. . . . . 250 litres.

234. Un tapis de Perse à fond d'or et d'argent rehaussé de

[1] Adjugé à 62 livres.
[2] Adjugé pour 183 livres à l'évêque d'Uzès.
[3] Adjugé à 290 livres à M. Chuppin.
[4] A M⁰ᵉ de Crussol pour 16 livres 10 sols.
[5] Adjugé au sieur de Fumesson pour 214 livres.
[6] Cet article et le suivant donnés à M⁰ᵉ de Saint-Etienne.

fleurs de lis. . . . . 200 livres [1].

236. Garniture de lit de velours incarnat, etc., et six fauteuils de satin blanc à fleurs de velours. . . . . 200 livres[2].

240. Morceau de brocatelle à fond bleu, à bandes rouges.
25 livres [3].

241. Un lit d'ange de gaze grise rayé d'isabelle blanc et vert.
30 livres [4].

242. Un pavillon de gaze d'argent faux avec campannes de soie de plusieurs couleurs. . . . . 20 livres.

243. Un lit de camp et sa courtepointe de damas cramoisi garni d'un petit mollet d'or. . . . . 50 livres.

246. Deux petits tapis de table de Perse. . . 200 livres [5].
Dudit jour de relevée en continuant par lesdits notaires, etc.
Dans le garde-meuble :

248. Quinze grandes nappes de toile ouvrée, et trois petites pour collation ; six douzaines et dix serviettes de toile damassée. Sept grandes nappes et une petite de toile damassée.
300 livres [6].

249. Deux grandes nappes de toile pleine et six linges en forme de mouchoirs garnis à l'entour de fil noir et blanc.
20 livres.

250. Deux sachets de parfums couverts de taby incarnat ; deux de taby vert de mer en broderie, et quatre de satin en broderie. 100 livres[7].

251. Deux doubles sachets de taby en broderie d'argent garnis de dentelles. . . . . 60 livres.

252. Un escriptoire de maroquin rouge . . . . 40 sols [8].

1 Acheté 222 livres par l'évêque d'Uzès.
2 Donné à Mme de Saint-Étienne.
3 Laissé pour 7 livres 15 sols.
4 Adjugé à 25 livres.
5 Vendus l'un 41 livres, l'autre 19.
6 Adjugé à 330 livres avec l'article 249.
7 Adjugés 112 livres 10 sols à Mme de Fumasson.
8 Acheté sans enchère par M. de la Tour, écuyer de Mme de Montausier.

255. Tableau sur bois de saint Charles Borromée ; bordure de bois d'ébeine enrichie d'argent. . . . . 30 livres.

256. Tableau sur marbre d'une Assomption ; bordure d'esbeine enrichie d'un reliquaire enchassé dans du cuivre doré . . . . 150 livres.

257. Tableau bordé d'esbeine d'une descente de croix en relief d'ivoire, un cristal au-devant. . . . . . . 60 livres.

258. Tableau de paste doré, représentant le portail Saint-Étienne de Rheims ; bordure de bois peint en bleu enrichie d'argent et de cuivre doré. . . . . 20 livres.

Dans une armoire attachée contre le mur dans l'allée qui conduit aux chambres en galetas au-dessus de l'appartement de la défunte.

259. Un manteau de ras de Sippe(?) doublé de taffetas vert. 30 livres.

260. Un manteau de page de satin à bandes de velours. 6 livres.

263. Une simarre de velours ras tristamy (?) doublée de taffetas avec un petit velouté. . . . . 25 livres.

264. Un justaucorps en ange[1], trois corps de robe et deux juppes. 30 livres.

266. Une cassette de bois peinte en mignature dans laquelle se sont trouvés deux paires de gants de Rome. 12 livres.

267. Un parasol de taffetas noir et une baguette garnie de vermeil. . . . . 8 livres.

Dans une autre armoire :

268. Cinq douzaines et six serviettes de toile de chanvre, dix-huit plus petites marquées à un C, quarante-huit autres ; cinq nappes unies et trois ouvrées ; cinq nappes de cuisine ; quatre douzaines et demi de torchons, et neuf tabliers. 60 livres.

[1] A manches courtes et très larges figurant des ailes.

Dans les coffres de la chambre du commun :

269. Seize grands draps du commun de deux lés et de deux aunes un quart . . . . 40 livres.

270. Deux paires de moyens draps fins de toile de lin. 25 livres.

271. Huit draps de toile de lin fort colimée, et quatre draps de toile de chanvre fort gros. . . . . 12 livres.

272. Dix chemises à usage de femme. . . . . . 10 livres.

273 à 280. Chemises, mouchoirs, cornettes, etc.

Dans une autre armoire :

281 à 283. Simarre de panne grise à galon d'argent ; habit de masque de satin incarnat à fond d'or ; morceau de satin ; toile d'argent ; doublure de manteau, écharpe de toile d'or à jour, etc.

284. Deux parasols de damas cramoisi garni de franges de même couleur . . . . 10 livres.

Dans une chambre occupée par M. le chevalier de Grignan, au-dessous dudit garde-meuble, et en celle occupée par Mlle des Boulets, a été trouvé ce qui suit :

285. Dix pièces de tapisseries dont six à grands feuillages et quatre à chasses, faisant la tenture des deux chambres. 250 livres.

286. Un lit à hauts piliers, la garniture de serge rouge. 40 livres.

287. Quatre chaises et deux sièges ployans couverts de tapisserie . . . . 100 sols.

Dans la chambre du sieur du Parc :

289. Vingt pourcelines. . . . . 130 livres.

290. Un bassin et un vase d'esmail de Limoges. 10 livres.

291. Deux buires de verre de Nevers. . . . . . 12 livres.

292. Deux grands vases de fayence à fleurs d'or et trois petits pots de terre cizelée. . . . . 12 livres.

293. Un bassin rond d'émail ébréché. . . . . . 3 livres.

294. Cinquante pots de verre de Portugal, appelés boucaus.
60 livres.

293. Quatorze petits pots de pareil verre . . . . 4 livres.

296. Une montre sonnante de cuivre pour porter à la poche.
18 livres.

297. Une autre grande montre carrée sonnant les heures,
avec réveil matin. . . . . 36 livres[1].

300. Un mouvement en rond marquant les heures avec
une boussole et cadran au soleil. . . . . 10 livres [2].

301. Neuf plats de verre de Florence. . . . . . 6 livres.

Le sieur du Parc remet aux héritiers une bourse de
96 jetons d'argent que la marquise de Rambouillet a donné à
sa femme il y a vingt-cinq à vingt-six ans, étant dans
l'incertitude si ladite dame la leur avait donnée ou non.

Du mercredi 13 janvier 1666 deux heures de relevée.
Ensuit la vaisselle d'argent et de vermeille trouvée audit
garde meubles, cuisine et autres endroits de l'hostel.

304. Trois bassins ronds et trois ovales ; trois buires couvertes et trois découvertes ; deux salières rondes ; une en
forme de temple en triangle ; le tout de vermeil doré, ciselé
à l'antique ; six assiettes et un drageoir, poisant le tout
93 marcs 7 onces, le marc à 34 livres. 3,191 livres 13 sols [3].

303. Une cassolette avec son brazier, une corbeille, deux
fruitières, une gantière, un petit chaudron gauderonné, deux
petites branches de chandelier à feuillages ; trois boites avec
une autre gantière à jour, poisant 53 marcs 5 onces, à 26 livres
le marc. . . . . 1,394 livres 5 sols.

306. Cinq bras termes cizelés, une tablette cizelée à huit
colonnes ; quatre vases à fleurs ; six chandeliers portés par des
cupidons, poisant 133 marcs 6 onces, à 26 livres. 3,477 livres.

---

[1] Adjugée à 30 livres.
[2] Adjugé 7 livres 10 sols.
[3] 62 marcs 6 onces furent adjugés pour 3.302[1],53 à Mme de Montausier, et
34 marcs 3 onces à M. de Grignan. Le poids était donc 96 marcs 9 onces.

307. Douze cuillères à l'antique et douze fourchettes; deux moyens bassins en ovale, un rond; deux paires de mouchettes, dont l'une garnie de son porte-mouchette, un étui, une écumoire, deux salières, trois esguières découvertes, une esguière couverte, deux sonnettes, un coquemart, quatre flambeaux à pans carrés, un bougeoir, une petite cuillère, une petite fourchette, une spatule, dix grands plats, trois moyens, quatre petits; trente assiettes, six assiettes creuses, trois soucoupes, une écuelle, un bassin, un poeslon, un pot de chambre, deux moyens pots à bouquet, deux petits à anses, quatre flambeaux, une petite cassolette, un panier à anse, une corbeille gaudronnée, un sucrier, six fourchettes à trois branches, trois fourchettes à deux branches, neuf cuillères, poisant le tout 239 marcs 5 onces à 26 livres le marc.

6,233 livres 5 sols [1].

308. Onze couteaux à manche d'argent en forme de termes.

48 livres.

309. Un vase de coco à l'antique avec pied et bordure de vermeil. . . . . 20 livres.

310. Dans l'oratoire deux bras chandeliers en vermeil, poisant 4 marcs à 26 livres. . . . . 104 livres.

311. Deux petites bouteilles de verre garnies de feuillages d'argent. 4 livres.

Pour la poisée de laquelle vaisselle a été appelé avec le sieur Marchand le sieur Antoine Delafosse.

INVENTAIRE DES LIVRES

312. Dans le cabinet de la chambre appellée l'hermitage, se sont trouvés soixante volumes reliez en veau tant grands que petits et cent quinze couverts de parchemin, la pluspart

----

[1] Mme de Montausier prit 195 marcs 6 onces, et M. de Grignan 221 marcs 7 onces sur ces trois articles. Le prix payé fut de 9,855 livres; l'estimation des trois articles 305, 306 et 307 est de 11,104 livres 10 sols.

desquels sont en langue latine, espagnole et italienne et fort peu en françoise, le tout fort antique . . . . 20 livres.

313. Soixante-quatorze volumes reliez en veau rouge et veau marbré aussi en différentes langues . . . . . 25 livres.

314. Dans un petit cabinet de la chambre des filles de la comtesse de Crussol[1] se sont trouvez cent trente volumes de différentes grandeurs et langues reliez en veau et maroquin et cent vingt-cinq reliez en parchemin. . . 30 livres[2].

315. Un petit tableau peint sur marbre d'Andromède ; bordure de bois noirci . . . . 10 livres.

316. Deux tableaux peints sur bois de Vambosche, représentant l'un des buveurs, l'autre des gueux . . . . 12 livres.

317. Un tableau de la Vierge dans un paisage, tenant son fils, avec quantité de petits anges . . . . 15 livres.

318. Tableau représentant un paisage. . . . . . 3 livres.

319. Petit tableau d'un paisage de Flandre où il y a des hommes conduisant des charrettes . . . . 10 livres.

320. Trois tableaux à pots de fleurs, avec bordures dont deux carrées et l'autre à pans . . . . 30 livres.

321. Six tabourets et un lit de repos couverts de satin bleu et rouge à broderie d'or et d'argent ; table de bois blanc avec son tapis de pareil satin et carreau de pareil satin. 60 livres[3].

322. Bras d'argent poisant dix onces . . . . . . 24 livres.

323. Douze vases de pourceline. . . . . 20 livres.

324. Huit petites figures hommes et animaux d'airain et de cuivre . . . . 12 livres.

325. Deux vases de cristal de roche en coupe. . 30 livres.

---

[1] Julie-Françoise, mariée, le 21 août 1686, à Louis-Antoine de Gondrin de Pardaillan, duc d'Antin, pair de France, chevalier des ordres du roi, lieutenant général de la haute et basse Alsace, gouverneur de l'Orléanais ; Thérèse-Marguerite, décédée en 1682 ; et Louise-Catherine, mariée le 12 novembre 1691 à Louis-François-Marie Le Tellier, marquis de Barbezieux, secrétaire d'État, chancelier des ordres du roi, morte à Versailles le 4 mai 1694, âgée de dix-neuf ans.

[2] Les 504 volumes de ces trois articles, estimés 75 livres, ne trouvèrent acquéreur que pour 60 livres.

[3] Adjugé à 320 livres au sieur Dimanche.

Dans les armoires dudit cabinet se sont trouvés menues hardes et ornemens de peu de valeur dont la prisée n'a été faite sauf :

326. Trois tableaux . . . . 35 livres.
330. Huit vases de cristal de Venise . . . . . . 20 livres.
331. Une petite boule de jaspe. . . . . 12 livres [1].

INVENTAIRE DES PAPIERS

Commencé le 15 janvier, continué jusqu'au 26

1° Liasse de cinq pièces. 1° 5 juin 1569. Vente en latin faite par dame Julie Savelle, marquise de Pisany, assistée des seigneurs Léon Strozzy [2] et Curse de Frangipany, ses proches parents, au seigneur Bernardin Savelle [3] de la 4ᵉ partie de la cité d'Albane et autres droits et actions qu'elle y pouvait prétendre tant par succession du seigneur Christophle Savelle [4] *son père* que par assignat qui luy en avait faict pour sa dot [5],

---

[1] L'inventaire finit ici ; mais le procès-verbal de vente contient onze numéros de plus contenant des objets très variés, matelas, paravents, morceaux d'étoffes diverses, petits tapis, croc de fer, fauteuil de damas rouge, etc. etc., ayant produit plus de 500 livres.

[2] Grand oncle de Julie Savelle et fils de Philippe Strozzi et de Clarice de Médicis, prieur de Capoue, chevalier de l'ordre Saint-Jean-de-Jérusalem. Banni de son pays, il reçut un bon accueil de François 1ᵉʳ, qui le nomma lieutenant général des galères par lettres du dernier mai 1543. Après la disgrâce et l'emprisonnement du baron de la Garde, il fut pourvu du grade de général des galères le 1ᵉʳ juin 1547. Il mourut à Castillon-de-Pescaye, des suites d'une blessure reçue dans une reconnaissance. Son nom est écrit Strokey dans une partie des titres.

[3] Prince d'Albane, époux de Marie-Félice Peretti, petite nièce du pape Sixte V.

[4] Marié à Clarice Strozzy, fille de Robert et de Madeleine de Médicis.

[5] Julie Savelle avait apporté en dot à Jean de Vivonne, par contrat du 22 septembre 1587 : 1° « la quattriesme partye de la ville d'Albane et sa juridiction, raisons et actions, et autres biens annexez, le Cazal de Campoleone, et deux cent soixante-trois rubis environ, et une partye de la ferme dicte la Valle del Cozzo et six mille écus ».

le dit contrat passé devant Hierosme Fabre de Frenio, notaire
en la chambre apostolique de Rome.

La seconde, contrat en latin, devant Antoine Maynard,
notaire apostolique, le 30 octobre 1596, constituant une rente
de 770 écus, à 10 jules par écu, par Renusio Farnèse, duc de
Parme [1], à Julie Savelle, moyennant 11,000 écus.

Constitution devant le même, le 6 décembre 1596, par le duc
de Parme, à Léon Strozzy et Torquato Fioravanti, procureur
de Julie Savelle, de 73 écus de rente pour 1,078 écus.

Les quatrième et cinquième, procurations devant Gallot,
notaire apostolique, le 14 février 1611, par Charles d'Angennes,
marquis de Rambouillet, et Catherine de Vivonne Savelle,
son épouse, pour vendre les rentes dues par le duc de Parme,
les seigneurs Colonna, les Jésuites de Rome et autres.

2° Quittance devant Cartier [2] et Ricordeau [3], notaires au
Châtelet, le 26 septembre 1661, de M° Nicolas Mailly, procu-
reur de M° Jacques Le Coigneux [4], président au Parlement, et
Marie d'Aloigny de Rochefort, son épouse, à la dame de
Rambouillet et aux seigneurs et dames de Montauzier et de
Grignan, pour rachat et arrérages de 1,000 livres de rente,

---

[1] Ranuce Farnèse, fils d'Alexandre et de Marie de Portugal, duc de Parme
et de Plaisance, né en 1569, épousa le 7 avril 1600, Marguerite Aldobrandin,
dont il eut plusieurs enfants. Il mourut en 1622.

[2] Étude de M° Tollu, 70, rue Saint-Lazare. Nic. Cartier, 1642-1667.

[3] Étude de M° Lavoignat, 5, rue Auber. Jacques Ricordeau, 1639-1666.

[4] Fils de Jacques et de Marie de Ceriziers, marquis de Plailly, de Mont-
Auliand et de Mortfontaine, fut conseiller au l'arlement de Paris en 1644,
président aux enquêtes en 1648 et président à mortier le 21 août 1651. Il
mourut le 23 avril 1686, après avoir contracté trois alliances : 1° avec Angélique Le Camus ; 2° le 15 mai 1659 avec Marie d'Aloigny, fille de Louis,
chevalier, marquis de Rochefort-sur-Creuse, baron de Rochefort-sur-Loire,
de Cors, du Blanc et de Craon, seigneur des Roches, d'Alleron, de la Forêt,
chevalier des ordres du roi, premier chambellan du prince de Condé, capi-
taine-lieutenant de sa compagnie de chevau-légers, grand bailli et lieutenant pour le roi en Berry, lieutenant général pour le roi en Poitou, conseiller d'État d'épée, et surintendant des bâtiments et de Marie Habert, veuve
de Jean de Pontevez, comte de Carcas, grand sénéchal de Provence, morte
le 13 mai 1675 ; 3° avec Judith de Montault, fille de Cyrus, marquis de
Navailles.

constituée à Marie d'Aloigny, lors veuve du comte de Carces.

3° Brevet signé Louis, du 16 septembre 1615, par lequel le roi accorde au marquis de Rambouillet un pouce d'eau [1] de la pompe du Pont-Neuf à prendre du gros tuyau qui conduit aux Tuileries, vis-à-vis de l'arcade de la grande galerie qui est au bout de la rue Saint-Thomas-du-Louvre, pour, par ledit marquis, faire conduire ce pouce d'eau en son logis en ladite rue.

4° Brevet d'indemnité devant Lebeuf [2] et Ruin [3], le 6 janvier 1658, par les seigneur et dame de Montausier et Angélique-Clarice d'Angennes, fille majeure, à la marquise Rambouillet, leur mère, de la rente de 1,000 livres solidairement constituée à Marie d'Aloigny, veuve du comte de Carces.

5° Quittance, du 3 janvier 1627, devant Bombonne, notaire royal en la mairie de Lusigny, d'Antoine de Lienoncourt et Marie d'Angennes, son épouse, au marquis de Rambouillet, de 50,000 livres d'après l'arrêt du Parlement de Rouen du 3 décembre 1646.

6° Arrêt du Parlement du 3 décembre 1634, homologuant l'accord entre le marquis de Rambouillet et Gabrielle du Rys, veuve de François de Cugnac, marquis de Dampierre [4], et Edme de la Chastre, comte de Nancey, pour la charge de maître de la garde-robe vendue 300.000 livres, dont 200,000 comptant et 100,000 à payer à l'acquit dudit marquis de Rambouillet.

7° Quittance du 19 mai 1656 de Jean Thiremaut, juré crieur, de 600 livres reçues de la marquise de Rambouillet pour frais funéraires et enterrement du marquis de Rambouillet.

[1] Le pouce de fontainier = 19 mètres cutes en 24 heures.
[2] Étude de M° Aumont-Thiéville, boulevard Bonne-Nouvelle, 10 bis.
[3] Étude de M° Segond, 7, rue Laffite.
[4] Fils de François et de Gasparde de Boucard, marquis de Dampierre, lieutenant général au gouvernement de l'Orléanais, marié à Gabrielle Popillon du Riau, eut Françoise, morte en 1645, mariée le 10 mai 1632 à Edme de la Châtre, comte de Nançay, grand maître de la garde-robe du roi, et colonel général des Suisses et Grisons, décédé le 3 septembre 1645.

8° Déclaration du 11 mars 1645 de Jean Dupost, cession-naire des héritiers de Jean Gaboury d'une créance de trois mille et tant de livres à prendre sur le s^r de Rambouillet qu'il n'a fait que prêter son nom à la dame de Rambouillet [1].

9° 6 février 1651. Même déclaration de Valentin Picart, pour d'autres créances.

10° Un nommé Robillard emprunte 600 livres à un prêteur non désigné.

11° 11 septembre 1635. Remboursement, par les seigneur et dame de Rambouillet, du capital d'une rente de 1,000 livres constituée par eux le 8 février 1611 à Thomas Le Lièvre [2], Jean Delafosse et sa femme Louise Rochon et Philippe de Gondy, gentilhomme florentin. Les actes indiquent plusieurs mutations dans les titulaires de cette rente.

12° Grosse de l'inventaire du 25 juin 1652, reproduit ci-devant.

13° Liasse de plusieurs pièces. Transaction du 30 dé-cembre 1641 devant Nourry [3] et Huart [4] entre le principal et les boursiers du collège du Mans à Paris et les seigneur et dame de Rambouillet. Le 19 juillet 1578, devant Dubois [5] et Tranviral [6] une rente de 834 livres avait été constituée au profit dudit collège par Jean d'Angennes [7], Claude Beudon, procureur de dame Françoise d'Angennes, veuve de Claude

---

[1] Catherine de Vivonne faisait racheter par des tiers les dettes de son mari et les siennes.

[2] Thomas Le Lièvre, marquis de Fourilles, baron d'Huriel, conseiller au Parlement en 1626, puis président au grand Conseil, mort le 10 août 1669.

[3] Étude de Me Yver, 10, rue de Châteaudun.

[4] Étude de Me Bertrand, de Me Georges Robin ou de Me Aumont-Thiéville, trois Huart exerçant en décembre 1641.

[5] Étude de Me Merlin.

[6] Étude de Me Bertrand, rue de la Chaussée-d'Antin.

[7] Huitième fils de Jacques et d'Elisabeth Cothereau, seigneur de Poigny et de Boisorcan, chevalier de l'Ordre du roi, capitaine de cinquante hommes-d'armes, fut envoyé vers le pape en 1575, et ambassadeur du roi en Navarre, en Savoie et en Allemagne, mourut en 1593. Il épousa Madeleine Thierry, dame de Boisorcan et de Pont-Rovant, fille de François et de Françoise du Puy du Fou.

de Ravenel [1] et messire Claude d'Angennes, lors vicaire général et depuis évêque du Mans. Cette rente est cédée aux seigneur et dame de Rambouillet, qui la remplacent par une autre de 800 livres au capital de 14,400 livres en faveur du collège.

Ratification signée Emery, évêque du Mans, Morel et de Beauvais. Reçus de la rente de 800 livres.

M. de Montausier déclare avoir racheté du principal et boursiers dudit collège la moitié de cette rente les 8 et 14 août 1665.

14° Transaction du 13 novembre 1658, entre la duchesse de Montausier et les sieur et dame de Grignan, d'une part, et dame Marie Le Clerc marquise de Maintenon, veuve de Louis d'Angennes [2], tutrice honoraire, et Louis Boulet, tuteur onéraire des enfants du marquis de Maintenon, sur le tiers de la seigneurie de Vieilléglise, provenant de la succession du cardinal de Rambouillet et de celle de l'évêque du Mans.

15° Quitance par Jean Hedier et autres de 5,000 livres, reçues le 24 janvier 1653 de la dame de Rambouillet pour principal et intérêts d'une rente.

16° Déclaration du 30 janvier 1658 de Me Robert, procureur en parlement, que la cession à lui faite devant Guillot, notaire à Angers, les 7 et 8 mai 1647, de diverses créances, a

---

[1] Fils d'Antoine et de Jeanne de Brie, seigneur de Rantigny, Fouilleux, Boissy, etc., chevalier de l'Ordre du roi, capitaine de cinquante hommes d'armes, épousa, par contrat du 15 janvier 1551, Françoise d'Angennes, fille de Jacques et d'Elisabeth Cothereau.

[2] Fils de Charles et de Julie de Rochefort, marquis de Maintenon et du Meslay, seigneur du Moustier, du tiers d'Angeuille, de la Villeneuve, de la Moutonnière, de Blainville et de Saint-Gervais, bailli et capitaine de la ville de Chartres, était mort le 6 janvier 1657. Sa femme, Marie Leclerc du Tremblay, fille de Charles, gouverneur de la Bastille et de Françoise d'Allenas, qu'il avait épousée par contrat du 12 février 1640, resta veuve pendant près de quarante ans. Ses enfants furent mis sous sa tutelle le 26 janvier 1657. Elle mourut en janvier 1702, à l'âge de quatre-vingt-treize ans. Ce fut son fils qui vendit le marquisat de Maintenon à Françoise d'Aubigné, veuve Scarron.

été pour le compte et aux frais de la marquise de Rambouillet.

17° Transport devant Morel [1] et de Beauvais le 31 août 1645 par les enfants et héritiers de Louis Delahaye, à Nicolas Major, secrétaire de la chambre du roi, de 168 livres 15 sols de rente constituée audit Delahaye par le marquis de Rambouillet, le 11 mars 1608, devant Choguillot [2] et Tulloue [3], pour 2,700 livres de principal. Et déclaration du s^r Major que l'achat a été fait au profit de la dame de Rambouillet.

18° Compte rendu par les commissaires du Parlement de la succession faite, sous bénéfice d'inventaire, par Charles, marquis de Rambouillet, de son père Nicolas d'Angennes, lequel était héritier de Claude d'Angennes, évêque du Mans ; sur la première page est l'affirmation d'Antoine Basin, procureur du rendant, du 26 janvier 1613 et au 92e feuillet est l'examen et la clôture du compte du 30 avril 1614, signé Grosselot. Le compte a été rendu au s^r Bruslé, au principal et aux boursiers du collège du Mans et autres. La recepte monte à 10,391 livres et la dépense à 16,918 livres.

19° Liasse de plusieurs pièces. États des payements faits par Me Pierre de Lalanne, conseiller, secrétaire du roi, et par Me Jean Lebossu, son gendre, aux créanciers du marquis de Rambouillet, comme héritier, par bénéfice d'inventaire, de son père, suivant l'arrêt d'ordre rendu au Conseil le 20 octobre 1640, sur la somme de 111,333 livres 18 sols 6 deniers déposée aux mains de Lalanne par Edme de la Chastre, comte de Nancay, du reste du principal et intérêts du prix de la charge de Maître de la garde robe de Sa Majesté, ensuitte de l'estat est un acte devant Le Semelier [4] et Lecat [5], 19 décembre 1654,

---

[1] Étude Labouret. Jacques Moral, 1605-1652.
[2] Étude Segond. Nic. Choguillot, 1581-1611.
[3] Étude Péronne.
[4] Étude Duplan. Jean le Semelier, 1634-1672.
[5] Étude de Me Gatine ou de Aumont-Thiéville, deux Lecat exerçant au même moment.

par lequel la marquise de Rambouillet es noms a ratiffié l'estat montant à 102,203 livres 6 sols 8 deniers, le surplus, 9,150 livres 11 sols 10 deniers, seroit demeuré pour seureté des saisies. La seconde est l'arrêt d'ordre du 20 octobre 1640, signé de Loménie.

20° Une liasse contenant plusieurs pièces, la première quittance sous seing privé de M⁰ Nicolas de La Barre, procureur en Parlement, du 15 septembre 1653, procureur de M⁰ de Genouville, en son nom et comme tuteur de Jean Thierie, fils de lui et de Catherine Belon, jadis son épouse, a confessé avoir receu de la marquise de Rambouillet et autres 22,150 livres pour le principal et arrérages de 300 livres de rente constituée le 8 avril 1587, devant de Briquet et Marchand [1].

21° Dix quitances de remboursement de rentes pour la marquise de Rambouillet. 1, 2 et 3 : le 10 septembre 1633, la première constituée par les père et mère du marquis, à Jean Olivier, baron de la Rivière ; la seconde, par le marquis et la marquise, au sieur Guillaume Dapins; la troisième cédée par le même à M⁰ Pierre Tallemand. 4: remboursement du 4 septembre 1633 d'une rente constituée à dame Marie Pinon, veuve de Gilles Aubry. 5 : remboursement le 3 septembre 1633 à Marie Bardin, veuve de Martin du Fresnoy, d'une rente de 228 livres 6 sols 8 deniers. 6 et 7 : les 4 et 11 septembre 1633 à Charles et Louis Girard d'une rente de 1,270 livres 1 sol 3 deniers constituée par lesdits seigneur et dame à leur père Henri Girard. 8 : le 13 septembre 1653, remboursement à Nicolas Ladvocat et Philippe Rouillet d'une rente de 329 livres 2 sols 3 deniers constituée par les mêmes à Renée Debours, veuve du sieur de La Rochepinière. 9 : remboursement 3 juillet 1633, de 450 livres de rente constituée par le marquis de Rambouillet à Marie du Tillet [2] et remboursée à Roland

[1] Aujourd'hui étude de Hardivillier.
[2] Fille de Jean du Tillet, seigneur de la Bussière, greffier en chef du

de Neubourg, sieur de Sarcelle [1], qui en avait les droits. 10 : remboursement à Thomas Lelièvre de 300 livres de rente constituée, le 17 juillet 1743, devant Dorléans [2] et Chalon [3].

22° Transaction devant Ogier et de Beauvais, le 20 mars 1648, entre Nicolas Trenard, procureur d'Antoine de Lenoncourt, seigneur de Marolles, et de Marie d'Angennes, son épouse, héritière de Jeanne d'Halluin, sa mère, et en cette qualité créancière de messire Philippe d'Angennes, seigneur du Fargis, d'une part ; Catherine de Vivonne procuratrice du marquis de Rambouillet, héritier par bénéfice d'inventaire de Nicolas d'Angennes, son père, et Charles d'Angennes, sieur du Fargis, aussi, d'autre part. Vu la requête civile prise contre l'arrêt rendu en Parlement de Rouen le 3 décembre 1646, portant condamnation de 86,225 livres 17 sols 10 deniers les parties ont transigé. C'est à savoir que les sieurs du Fargis, sieur et dame de Marolles, se sont désistés de ladite requête civile et consenti que le dit arrêt soit exécuté ; et ont convenu que sur ladite somme adjugée, déduction sera faite de 36,000 livres que le sieur Robert, procureur des seigneur et dame de Marolles, avait touchées pour eux du receveur des consignations d'Angers, procédant de la vente des terres de Vaux et Saint-Laurent-des-Mortiers ; et aussi qu'il serait déduit 1,138 livres 2 sols pour l'intérêt desdites 36,000 livres et ainsi ne serait resté du que 49,067 livres 15 sols 6 deniers que la marquise de Rambouillet se scroit obligée de payer aux seigneur et dame de Marolles en sept jours.

Parlement de Paris, auteur du *Recueil des Roys de France, leur couronne et maison*, et de Jeanne Brinon, épousa Pierre Séguier, seigneur de Sorel et de Saint-Brisson, président à mortier au Parlement de Paris.

[1] Conseiller d'État, homme intelligent, dit Tallemant des Réaux, marié à Marthe Le Roy, eut une fille qui épousa, le 25 juillet 1617, François Poussard, chevalier, seigneur du Vigean, Fors, Bazoges, etc., conseiller du roi en ses conseils, chevalier de son ordre, gentilhomme de sa chambre, fils de Charles et d'Esther de Pons.

[2] Étude de M⁰ Dupuis, 32, rue des Mathurins.

[3] Étude de M⁰ P. Tollu.

4 avril 1648, quittance par Nicolas Trenard à la dame de Rambouillet de 46,067 livres 15 sols 6 deniers.

Ratification par les seigneur et dame de Marolles devant Jardinet et Doué, notaires royaux au bailliage de Vivay, le 30 juin 1648, déposé le 3 août à René Moreau, notaire apostolique à Angers.

23° Transport d'une créance (non chiffrée) sur le marquis de Rambouillet devant Jean Gaultier, notaire à Laval, des héritiers de René Gaudin, sieur de la Fontaine, à Jean Bérault, sieur des Essards.

24° Inventaire après décès de Claude d'Angennes, évêque du Mans le 15 mai 1601, et procès verbal de vente des meubles du 18 juillet suivant.

25° Quittance du 1er août 1612 par Me Charles Dumesnil, héritier de Jean Dumesnil, ci-devant maître d'hôtel du feu seigneur évêque du Mans, au marquis de Rambouillet de 7,590 livres 5 sols 2 deniers qui lui étaient dus pour principal, intérêts et frais par sentence. Au moyen de quoi ce procès aurait été assoupi.

26° 3 janvier 1607. Brevet de conseiller d'Etat pour le vidame du Mans. 6 février, prestation de serment entre les mains du chancelier de Bellièvre.

Lettres patentes du 21 novembre 1629 nommant le marquis de Rambouillet conseiller d'État et maître de la garde-robe, aux fonctions de conseiller en les conseils d'État, finances et privé.

Lettres patentes du 21 août 1643, de conseiller ordinaire d'État, privé et finances du nouveau roi.

27° Mémoire sur la généalogie de la famille d'Angennes et contrats de mariage.

28° Arrêt de la cour du Parlement du 7 mars 1598 entre les religieux, abbé, grand prieur et couvent de Saint-Denis en France à cause de l'office du grand prieur qui est administrateur de la fondation du roi Charles le Quint, d'une part, et Nicolas d'Angennes, marquis de Rambouillet et des Essards, d'autre; pour raison de 100 livres de rente que les religieux prétendaient en la seigneurie des Essards, par lequel le seigneur de Rambouillet a été condamné au payement de 52 livres 10 sols de rente et pour le surplus absous desdites 100 livres de rente.

Quitance signée Laulnier et Legrand, du 2 mars 1655, des procureurs de l'abbaye de 280 livres, reçues de la marquise de Rambouillet pour parfait payement de douze années d'arrérages de cette rente de 52 livres 10 sols sur la terre des Essards.

29° Sentence du Chatelet de Paris du 13 septembre 1611 entérinant les lettres obtenues par Charles d'Angennes du bénéfice d'inventaire de la succession de son père du 9 dudit mois.

30° Plusieurs pièces sur le prix de vente des terres de Vaux et de Saint-Laurent-des-Mortiers.

31° Nombreux actes d'indemnités fort anciens concernant messieurs de Rambouillet dont il n'a été fait inventaire pour éviter prolivité.

32° Quitance du 23 avril 1613 de Jean Germain, procureur de messire Honoré Barentin à Charles d'Angennes et Catherine de Vivonne principal et intérêts de 1,650 livres de rente constituée par les dits seigneur et dame de Rambouillet, et les sieurs de La Fosse et de Gondy, solidairement par contrat du 8 février 1611.

Déclaration du même jour du marquis de Rambouillet que les 27,346 livres de ce remboursement et les 8,512 payées le même jour à D[lle] Marguerite Phelipeaux, veuve de Daniel de Launay pour le principal et arrérages de 500 livres de rente à elle cédées par Jean du Gesnier et Françoise Pinsay, fille de Magdeleine Prévost, veuve de Pierre de Pinsay, au profit de laquelle la dite rente avait été constituée le 2 février 1612 devant Lybault [1] et Bergeon [2], provenaient de 13,100 escus,

---

[1] Élude de Me Robineau. Trois Lybault, de 1588 à 1631.
[2] Étude de Me Mahot de la Querantonnais, 1573-1630.

monnaye d'Italie que lesdits seigneur et dame avaient receus
du seigneur Stroczzy qui les avoient receus des Pères Jésuites
de la ville de Rome pour l'amortissement d'une rente appartenant à ladite dame de la succession de Julia Savella, sa
mère.

33° Cahier de papier et pièces aux diverses rentes constituées anciennes.

Les cotes 34 à 42 sont la reproduction des cotes 1 à 11 de
l'inventaire de 1652 reproduit ci-devant, p. 51. Les cotes 12
à 17 et dernière de cet inventaire sont portées en déficit.

43° Contrat du mariage de messire Pierre du Bellay, chevalier, seigneur de Touarcay, et D^lle Magdeleine d'Angennes,
fille de Nicolas d'Angennes et de Julienne d'Arquenay, devant
Lusson de Beaufort le 31 janvier 1588 [1].

44° Contrat de Nicolas d'Angennes et de Julienne d'Arquenay devant Blanchouin, tabellion juré à la paroisse de la
Croix au Maine, le 17 janvier 1567.

45° Transaction du 16 décembre 1580 devant De Netze [2] et
Le Camus [3], entre Nicolas d'Angennes, marquis de Rambouillet, Claude d'Angennes, évêque et comte de Noyon, Louis
d'Angennes, seigneur de Maintenon, François d'Angennes, seigneur de Montlouet [4], Jean d'Angennes, chevalier de l'ordre,
dame Antoinette d'Angennes [5], épouse de messire Jean des

---

[1] Pierre était fils de René du Bellay et de Marie du Bellay, dame de
Langeais, princesse d'Ivetot. Madeleine d'Angennes se remaria à Louis de
Barbançon, seigneur de Cany et de Varennes.

[2] Étude de M. Devès. Guillaume de Metz, 1540-1582.

[3] Étude de M. Duplan. Jean le Camus, 1575-1631.

[4] Septième fils de Jacques et d'Élisabeth Cothereau, marquis de Montlouet,
maréchal des camps des armées du roi, ambassadeur en Suisse, gouverneur de Nogent et favori de la reine Catherine de Médicis, chambellan de
monseigneur François duc d'Alençon. Il épousa Madeleine de Broullart,
dame de Montay et de Lizy-sur-Ourcq, de Donville, de Brone et de Buzay,
fille de Louis et de Louise d'Orgemont.

[5] Fille de Jacques et d'Élisabeth Cothereau, dame d'honneur de l'infante
Isabelle, femme de l'archiduc Albert, se maria trois fois : 1° avec Jean de
Morais, chevalier, seigneur de Jauderais ; 2° avec François, seigneur du

Merets, en leurs noms, et ledit évêque de Noyon se faisant fort de illustrissime Charles, cardinal de Rambouillet [1], leur frère aîné, et Martin Couney comme procureur de Philippe d'Angennes [2], seigneur du Fargis, et de dame Elisabeth d'Angennes, veuve de Claude de Ravenelle, chevalier, seigneur de Rantigny; tous lesdits d'Angennes enfans et héritiers de Jacques d'Angennes, seigneur de Rambouillet, et d'Elisabeth Cothereau, son épouse, et aussi héritiers de Jacques d'Angennes, leur frère.

Complément de partage entre les mêmes devant de Beaufort et Payen [3] le 4 juillet 1581. Divers biens délaissés à l'évêque de Noyon à charge de payer les dettes de la succession de leurs père et mère.

Pleissier; 3° avec Jean Colas, sénéchal de Montélimart, comte et gouverneur de la Fère, tué à la bataille de Nieuport.

[1] Charles d'Angennes, évêque du Mans, puis cardinal dit de Rambouillet, naquit le 30 octobre 1530, fut envoyé ambassadeur en plusieurs cours de l'Europe. Nommé à l'évêché du Mans par Charles IX, à la recommandation de la reine mère, Catherine de Médicis, il en prit possession le 12 octobre 1559. Le roi l'envoya en ambassade vers le pape Pie V, dont il mérita l'estime et qui le créa cardinal en 1570; il assista au concile de Trente, souscrivit à celui de Tours et fut le seul des cardinaux français qui se trouva, en 1572, au conclave pour l'élection de Grégoire XIII. Il assista aussi à celui de l'élection de Sixte V. Sans doute empoisonné il mourut à Corneto, en Italie, et y fut enterré dans l'église des Cordeliers. Il se distingua par sa science, par la pureté de ses mœurs, par sa piété et sa charité. D. Piolin a publié en 1884 son testament daté de 1587.

[2] Fils de Charles et de Marguerite de Coesmes, seigneur de Rambouillet, de la Villeneuve, de Maintenon, de Meslay, de la Moutonnière, d'Angeville, de Poigny, des Essars, de Montier, de Montlouet, de Dampière, du Pouzin, de la Boissière et du Fargis, fut chevalier de l'ordre du roi, favori de François Ier, capitaine de ses gardes du corps et de ceux des rois Henri II, François II et Charles IX, lieutenant général de leurs armées, gouverneur de Metz, échanson et gentilhomme ordinaire de la chambre d'Henri II et de François II, guidon de la compagnie de cent lances des ordonnances du roi sous le duc de Montmorency, connétable de France. Il fut envoyé, en 1561, de la part du roi, vers les princes d'Allemagne et mourut en 1562. Il avait épousé, le 13 février 1526, Élisabeth Cothereau, fille de Jean, chevalier seigneur de Maintenon, trésorier et surintendant des finances de France, et de Marie Turin qui lui avait apporté en dot les seigneuries de Maintenon, de Meslay, de Nogent-le-Roi et de Montlouet.

[3] Étude de M° Bazin, 87, avenue de l'Opéra.

7

46° Reconnaissance devant Jannot et Girault, 11 mars 1599, par Jean de Vivonne, marquis de Pisany et dame Julia Savella, des articles de leur mariage du 22 septembre 1587 étant en italien et scellé de leur cachet, que depuis de leur mariage célébré en l'église Saint-Eustache à Rome le 8 novembre suivant, serait issue D^lle Catherine de Vivonne.

47° Copie signée Dutillet du testament de Jean de Vivonne, marquis de Pisany, faite à la requête de Julie Savelle, sa veuve, en présence de M^tre Bourse, son procureur, et de M^tre Morian, procureur de la dame de Verrières, en parlement 29 avril 1603. Acte du Châtelet du 19 octobre 1599, donnant la tutelle de Catherine de Vivonne à sa mère.

48° Lettres de bénéfice d'inventaire pour le marquis de Rambouillet de la succession de Nicolas, son père, entérinées au Chastelet le 13 septembre 1611.

Inventaire des biens de la succession du marquis de Rambouillet, commencé par Turgis [2] et de Briquet le 19 septembre 1641.

49° Sentence du Châtelet du 2 août 1653 condamnant la dame de Montausier et Angélique-Clarice d'Angennes, seules héritières, par bénéfice d'inventaire du marquis de Rambouillet, à payer à M^tre Thiédot, avocat au Parlement 1,302 livres 17 sols 2 deniers au dos de laquelle est la quittance du payement du 20 décembre 1653.

50° Transaction devant Quarré [3] et Manchon, le 31 août 1643, entre Marguerite de la Guesle, marquise d'O, veuve de messire Pierre Séguier [4], comte de Sorel, et autres, et les seigneur et dame de Rambouillet, pour laquelle la dame de

[1] Étude de Me Galin, 65, rue de Châteaudun.
[2] Étude de Me Fleury, 64, rue du Faubourg-St-Honoré.
[3] Étude de Me Lindet, 9, boulevard Saint-Michel.
[4] Comte de Sorel, marquis d'O, conseiller au Parlement de Paris, maître des requêtes, fils de Pierre, seigneur de Sorel et de Saint-Brisson, président à mortier au Parlement de Paris, de Marie du Tillet, mourut en 1638. Il avait épousé, en août 1612, Marguerite de la Guesle, dame de Chars, fille de Jacques, procureur général au Parlement de Paris, et de Marie de Houville.

Sorel et les seigneur et dame de Chateauvieux ont reçu par les mains de Jean Brian 4,115 livres de principal et frais.

51° Compromis entre le marquis de Rambouillet et Edme de la Chatre, comte de Nancay, sur le prix de la charge de maître de la garde-robe du Roy le 15 février 1640.

Brevet du 20 août 1634 permettant au marquis de Rambouillet de tirer récompense de cette charge du comte de Nancay [1].

52° Rentes rachetées constituées par le cardinal de Rambouillet, les seigneurs de Rambouillet, père et fils et autres membres de la famille d'Angennes. 500 livres constituées à Nicolas de Nètre ; 100 livres à M^tre Paul Desportes ; 500 à Madelaine Desportes, veuve du sieur de Pincay ; 750 au sieur et dame de Leuville ; 250 au président Forget ; 200 à Hierosme Thuillier et 150 à Marie Leroy.

53° Autres rentes rachetées. 109 livres constituées à Pierre Targa, et transportées depuis aux Cordeliers du faubourg Saint-Marcel ; 250 à Antoine Dulac, 125 au sieur de Bragelogne ; 240 à Claude Amelot ; 150 à Antoine Duval ; 150 au sieur Gaumont et 150 au sieur Dorié.

54° Liasse de promesses et obligations acquittées.

A M^tre de Montescot, au sieur de la Blanchardière, à Mme de Chateauvillain, à Pierre de Vailly, etc.

55° Autre liasse de quittances diverses.

56° Quitance devant Leboucher [2] et Lusson du 15 février 1613, de Pierre Quellé, représentant la grande confrérie aux bourgeois de Paris, a reçu de Henri de Gondy, évêque de Paris, et du marquis de Rambouillet le remboursement d'une rente de 150 livres, constituée par le duc de Retz et Philippe d'Angennes, sieur du Fargis.

---

[1] « Le comte de Nançay n'usa pas trop bien de cette charge, car il ne paya pas au terme préfixé à cause du rehaussement des monnoyes et il fallut traiter avec luy et se contenter de la moitié du profit. » (Tallemant des Réaux.)

[2] Étude de Me de Meaux.

57° Vente par le seigneur de Rambouillet, devant Sainxot[1] et de Briquet, à Thomas de Hardas, de la seigneurie de Hauteville size en Perche, le 27 février 1603.

Transaction devant Turgis et de Briquet, le 17 mars 1615, entre la marquise de Rambouillet, procuratrice de son mari, et M° Charles Gaudin, aux droits de demoiselle Charlotte Dutillet[2] dame de Larray, sur la saisie féodale faite par elle, de la terre de Hauteville dès l'année 1602. Le procès amorti a été convenu à la somme de 1,250 livres, dont quitance finale du 7 août 1618 devant Sonzat[3] et Levasseur[4].

58° Constitution de 100 livres de rente en faveur de Nicolas Dutronchay, sieur de Baladay, le 3 février 1593, passée au sieur Le Roy de la Poterie, et pièces y relatives.

59° Transport par le marquis de Rambouillet à Girard Allain de ce qui lui était du par Devaux, sieur de Bois du Pin, le 23 décembre 1647.

60° Procédures du remboursement de la rente due à Nicole de la Porte, veuve de Jean Mallet.

61° Copies de pièces concernant les affaires de Philippe d'Angennes, sieur du Fargis, dont le seigneur de Rambouillet a été tuteur. Le compte rendu de cette tutelle à Nicolas Thibeuf, commissaire au Châtelet, par M° Jean Cochon, procureur de Nicolas d'Angennes en 1599.

62° Procédures dans le différend entre le marquis de Rambouillet et Antoine de Lenoncourt.

---

1 Étude de M° Legay.

2 Vicomtesse de Saint-Mathieu, en Poitou, dame de Lassé, Marcilly, Cassagne et Loré, dans le Maine, née le 12 août 1551, était la neuvième et dernière enfant de Jean du Tillet, seigneur de la Bussière, greffier en chef du Parlement de Paris, auteur du *Recueil des Roys de France, leur couronne et maison*, et de Jeanne Brinon. Elle fut dame d'honneur de Marie de Médicis, dont elle s'acquit les bonnes grâces et l'entière confiance par son esprit et sa douceur, et mourut à Paris, le 28 janvier 1635. Tallemant des Réaux a écrit sur elle une curieuse historiette.

3 Étude de M° Cherrier.

4 Étude de M° Gatine.

63° Constitution devant Fardeau[1] et de Saint-Waast, le 12 juin 1606, par Nicolas d'Angennes et Julienne d'Arquenay, de 200 livres de rente en faveur de M⁰ Hiérosme Lebon. En marge mention du rachat le 21 novembre 1645.

M⁰ René Louvel, procureur du chapitre de Rennes, donne quitance, le 14 septembre 1646, au marquis de Rambouillet, de 474 livres pour remboursement de la rente de 10 livres 12 sols 6 deniers due à ce chapitre.

65° Transaction du 5 juillet 1634, devant Burcy et Boncol[2], entre le marquis de Rambouillet et Jean Bienvenu, fermier de la terre de Dangevil.

66° Déclaration de François Richard, bourgeois de Paris, le 24 décembre 1633, que la créance de 8,641 livres 2 sols sur les seigneur et dame de Rambouillet, achetée par lui le même jour des héritiers de François Lesage, apothicaire du roi en ses écuries, l'a été pour le compte de la marquise de Rambouillet.

67° Transport devant Ogier et de Beauvais, le 18 août 1639, par le marquis de Rambouillet à M⁰ Louis de la Vallée de 38,250 livres à prendre sur François de Vignerot[3], seigneur du Pont Coulay et dame Marie de Guémadeuc, son épouse. Et contre lettre du même jour du sieur de la Vallée déclarant cette cession simulée.

---

[1] Étude de M⁰ G. Robin.

[2] Étude de M⁰ Huillier.

[3] François de Vignerot, marquis de Pont de Courlay, gouverneur du Havre, fils de René, seigneur de Pont de Courlay, et de Françoise du Plessis Richelieu, sœur du cardinal de Richelieu, épousa Marie-Françoise de Guémadeuc, fille de Thomas, baron de Guémadeuc, et de Jeanne de Ruclan, par contrat du 29 juin 1626.

De ce mariage naquirent cinq enfants : l'aîné, Armand, fut substitué aux nom et armes de son oncle le cardinal et devint duc de Richelieu. Il épousa le 16 décembre 1649, Anne Poussard, veuve de François-Alexandre d'Albret, marquis de Pons, et fille de François, seigneur du Vigean et de Anne de Neubourg.

Après la mort de François de Vignerot, Marie-Françoise de Guémadeuc se remaria à Jacques de Grivel de Gamaches, comte d'Aulnoy, gouverneur de Fougères.

68° 4 mai 1636. Autre cession simulée devant notaire de 3,499 livres sur M° Rebuffès, sieur de Mauroy, et le nommé Viot.

69° Mathurin Bodeau et Edme Janson, marchands lingers, ayant obtenu sentence exécutoire contre le marquis de Rambouillet, celui-ci leur fait transport de 1,400 livres à prendre sur la veuve de François Lescureuil, fermier de Dangeul.

70° 19 juillet 1640, même transport par le même à Louis Lepinte de 2,400 livres et 9,600 livres à prendre sur la même veuve de François Lescureuil. Et contre lettre du même qui déclare que le marquis de Rambouillet ne lui doit rien et lui fait rétrocession des 12,000 livres.

71° Même cession simulée le 19 juin 1638 à Bertrand Thoury de 6,000 livres sur le nommé Duval, héritier à cause de sa femme veuve de Guillaume Ollier, ci-devant fermier du marquisat de Pisany.

72° Contre lettre d'une vente simulée, du 25 juillet 1638, de 2,250 livres sur Menan et Bachasson, condamnés à lui payer cette somme.

73° Deux contre lettres du 24 décembre 1637 et 20 novembre 1638 sur des transports simulés de créances.

74° à 77° Autres créances simulées à Bertrand Toury.

78° Transport simulé, devant Morel et de Beauvais, le 27 septembre 1642, par le marquis de Rambouillet, à M° Nicolas Major, de 47,911 livres sur la succession du sieur Briois[1], adjudicataire général des aides de France, à cause de 9,000 livres de rente sur les aides de Xaintonge et de Saint-Jean-d'Angély à Catherine de Vivonne, son épouse.

79° Contre lettre de Thoury sur la vente simulée à lui faite par le seigneur de Rambouillet, le 14 avril 1628, de 12,969 livres et 3,000 livres à prendre sur Denis Tochon, sieur de Chastelais.

---

[1] « M. de Rambouillet perdit 30,000 livres que lui devait un nommé Briais pour des rentes sur les aides acquises par le père de Mᵐᵉ de Rambouillet. » Tallemant des Réaux, II, 481.)

80° Obligation de 2,000 livres par les seigneur et dame de Rambouillet et ledit Thoury, le 29 décembre 1633, en faveur de Jacques Delin, et remboursement le 29 décembre 1634.

81° Quittance devant Guillot, notaire à Angers, le 8 mai 1646, par Antoine Bonneau à M. Robert, procureur en parlement, à l'acquit du marquis de Rambouillet de 2,140 livres.

82° Transport simulé, par le marquis de Rambouillet, à Jean Chevreuil, de 4,000 livres sur Legrand, La Rallière et autres, le 23 novembre 1638.

83° Cession simulée par le même, le 7 février 1641, à Jean Bérault, sieur des Essarts, de 10,000 livres sur Sébastien Erun, sieur de la Guesboutier.

84° Cession simulée, le 13 mars 1640, par le même à Louis de la Vallée de 4,000 livres sur Jean de la Ruelle et autres.

85° Autre cession simulée.

86° Pièces de procédures entre Catherine de Vivonne, marquise de Rambouillet, et Claude de Vivonne [1], dame de Verrière. Le 28 juin 1608, Florent Millet, procureur de la marquise de Rambouillet, s'inscrit en faux contre un prétendu testament de Jean de Vivonne, marquis de Pizany, son père, reçu par Lainart et Bontemps, le 28 mai 1596. La dernière pièce est un avertissement fait de la part de la marquise de Rambouillet, parafé de la cour, le 24 juillet 1609, signé Dutillet.

87° Quittance devant Michel et de Briquet, le 21 juin 1608, par Sébastien Zamet [2] à Guichard Faure, en la présence et acquit des seigneur et dame de Rambouillet, de la somme de 36,281 livres, en déduction de plus grande somme. Le sieur

---

[1] Fille d'Arthur de Vivonne et de Catherine de Bremontd.

[2] Originaire de Lucques, naturalisé par lettres datées de juillet 1581, fut baron de Murat et de Billy, seigneur de Beauvoir et de Cazabelle, conseiller du roi en ses conseils, capitaine et surintendant des bâtiments du château de Fontainebleau et surintendant de la maison de la reine Marie de Médicis, mourut à l'âge de soixante-sept ans le 14 juillet 1614. Il avait épousé Madeleine Leclerc, fille de Pierre, seigneur de Maisons, et de Madeleine de Villeneuve, qui mourut à Paris le 12 mai 1615.

Faure payait cette somme comme restant due sur le prix d'a-
chat de la Seigneurie de Champ. Une lettre de change est
souscrite à Zamet pour le surplus dû à cause de la marquise
de Pizany, mère de la dite dame.

88° Quittance dudit Zamet, du 10 mars 1604, de 6,000 livres
reçues de Julia Savella.

89° Brevet du roi du 23 janvier 1633 qui fait don à la dame
de Montauzier des droits de rachat de la vidamé du Mans,
de deux sergenteries en dépendant, du fief d'Usage et de tout
ce qui peut relever de Sa Majesté dans la terre de Dangeul,
à elle échue par le décès de son père.

90° Une liasse de quittances de la rente due au grand
prieur de l'abbaye de Saint-Denis sur la terre des Essards.
Transaction du 9 février 1635.

91° Quittance du 14 juin 1617 de Charles Turgis, ayant
droit de Nicolas Carrel, qui avait droit de Charles Dumesnil,
de 2,250 livres, sur 2,500 livres de l'obligation du marquis de
Rambouillet du 1er avril 1612.

92° Liasse relative à l'hôtel de Rambouillet, rue Saint-
Thomas-du-Louvre. 1. Devant Jourdan [1] et de Briquet le
1er juin 1587, constitution d'une rente de 166 écus 2/3 par
Pierre de Sourhouette du Halde, chevalier, baron d'Avrilly, et
dame Lucrèce de Mauny, son épouse, et Robert de Halluvin,
seigneur de Ronsoy, solidairement au profit de Claude Lelièvre, bourgeois de Paris. Les sieur et dame du Halde hy-
pothèquent, entr'autres biens, une maison à Paris, rue Saint-
Thomas-du-Louvre, en laquelle ils demeurent, consistant en
un corps d'hôtel, cour et jardin, tenant d'une part à l'hôtel
d'O, d'autre au sieur Duplessis, aboutissant par derrière au
cimetière des Quinze-Vingts, et par devant sur la rue Saint-
Thomas-du-Louvre, à eux appartenant de leur conquest.

2. Bail judiciaire au Châtelet, le 21 juin 1595, au nommé
Bachasson, de ladite maison, saisie sur Lucresse de Mauny.

[1] Étude Chatelain.

3. Convention devant de Riges [1] et de Briquet, le 12 mars 1398. Antoine de Pluvieux transporte le bail judiciaire de cette maison qui lui avait été cédé par Bachasson, à Gaspard de Chombert [2], comte de Nanteuil, et à dame Jeanne Chastigny, son épouse, et leur transporte tout ce qui lui était dû pour les ouvrages et réparations qu'il avait fait en ladite maison.

4. Bail judiciaire du 8 juillet 1598, à Mᵉ Pierre Hébert.

5. Distribution des deniers de la vente de ladite maison, 5 juin 1602.

6. Arrêt du Parlement du 10 mai 1604, confirmant l'adjudication faite par le prévôt de Paris, le 7 mai 1699, de ladite maison en faveur de Catherine de Vivonne, fille du feu marquis de Pisany, et rejette l'appel de Diane de Sourhouette du Halde, veuve de François de Belleval, tutrice de Marie de Belleval.

93° Liasse de quittances de gages de domestiques, mémoires de marchandises, etc.

94° Copie non signée d'un contrat devant Jean de la Marque, notaire établi à la suite de la Cour, du 22 février 1560, par equel Philippe Strozzy [3], fils de deffunct messire Pierre

[1] Étude de Mᵉ d'Hardiviller, rue Thévenot.

[2] Gaspard de Schomberg, comte de Nanteuil, gouverneur de la haute et basse Marche, intendant des Finances, colonel de quinze cents reitres, conseiller d'État, mourut le 15 mars 1599 ; il avait épousé le 15 juillet 1573, Jeanne Chasteignier, veuve de Henry Clutin, seigneur de Villeparisis, d'Oysel et de Saint-Aignan-au-Maine, vice-roi en Écosse, puis ambassadeur du roi Charles IX à Rome, et fille de Jean Chasteignier, seigneur de la Rocheposay et de Claude de Monléon, qui mourut à Nanteuil le 23 décembre 1622, âgée de quatre-vingt-trois ans.

[3] Né à Venise, en 1541, fut élevé à la cour de France, devint maître de camp du régiment des Gardes françaises en 1564, puis colonel général de l'infanterie française après la mort de d'Andelot. Le régiment de Strozzi prit part à la bataille de Jazeneuil le 17 novembre 1568. Il fut fait prisonnier au combat de la Roche-l'Abeille par les Huguenots, et se signala encore à la bataille de Moncontour et au siège de la Rochelle en 1573. Quelque temps après avoir reçu le collier de l'Ordre du Saint-Esprit ayant été fait lieutenant-général de l'armée navale équipée en faveur d'Antoine, roi de Portugal, il mourut durant cette expédition.

Strozzy [1], chevalier de l'ordre du Roy, maréchal de France, a vendu de l'autorité du reverendissime Laurent, cardinal Strozzy [2], en présence de Mme *Ludovica de Médicis*, sa mère, et d'illustre seigneur Jullien de Médicis [3], son oncle, au seigneur *Robert Strozzy* [4], aussi son oncle, une maison assize au lieu de Borgonovo en la ville de Rome, vignes, maisons et autres héritages pour la somme de 30,000 livres payable aux créanciers du maréchal. Robert Strozzy, acquéreur, aurait consenti que, décédant sans enfants mâles, ou eux sans enfants, lesdits héritages retournent à Philippe, son neveu.

Copie non signée d'un contrat devant le même notaire, du même jour, 22 février 1560, entre Robert et Philippe Strozzy sous l'autorité du cardinal Strozzy, ils se font substitution de leurs biens pour que mémoire et grandeur de leur maison illustre se conservent et augmentent.

1 Fils de Philippe et de Clarice de Médicis, seigneur d'Epernay et de Belleville en Beaujolais, fut destiné en sa jeunesse à l'état ecclésiastique qu'il abandonna pour embrasser la profession des armes. Après avoir guerroyé en Italie, il vint avec son frère Jean s'établir en France et fut naturalisé en juin 1543. Successivement conseiller et chambellan du roi, général des galères de France, chevalier de l'ordre du roi, il reçut en 1554 le bâton de maréchal de France et obtint du roi les seigneuries de Belleville et d'Épernay. Il fut fait lieutenant-général de l'armée du pape Paul IV, avec laquelle il reprit le port d'Ostie et quelques autres places aux environs de Rome en 1557. Étant de retour en France, il se trouva au siège de Calais au mois de janvier 1558 et mourut le 20 juin suivant des suites d'une blessure reçue au siège de Thionville. Il avait épousé Ludovica de Médicis, fille de Pierre-François et de Marie Soderini.

2 Fils de Philippe et de Clarice de Médicis porta les armes pendant quelque temps et embrassa ensuite l'état ecclésiastique. Il fut pourvu des abbayes de Statffard en Piémont et de Saint-Victor de Marseille, nommé évêque de Béziers en 1548 et créé cardinal par le pape Paul IV en 1557 grâce à la recommandation du maréchal son frère. Il devint évêque d'Alby en 1561, puis archevêque d'Aix et mourut le 14 décembre 1571 à Avignon où il fut enterré dans l'église de Saint-Agricole.

3 Fils de Pierre-François et de Marie Soderini, fut successivement évêque de Béziers et d'Alby, archevêque d'Aix et abbé de Saint-Victor-les-Marseille et mourut en 1588 à Marseille.

4 Fils de Philippe et de Clarice de Médicis, épousa Madeleine de Médicis, fille de Pierre et d'Alphonsine des Ursins et tante de la reine Catherine de Médicis.

Autres pièces et mémoires concernant cette substitution.

95° Donation devant Levasseur [1] et de Beauvais, le 28 juin 1656, par Catherine de Vivonne à la dame de Montauzier et à Angélique Clarice d'Angennes, de l'hôtel de Rambouillet, le marquisat de Pizany, le comté de Talmond, la rente de 2,000 livres due par Mgr le duc de Parme ; 9,000 livres de rente sur les aides de Xaintonge, tous ses droits sur la succession du marquis de Rambouillet, tant pour ses deniers dotaux que autrement et tous les biens meubles et immeubles qui lui appartiendraient au jour de son décès, à la charge de 14,000 livres de pension, et à la réserve de 75,000 livres dont elle pouvait disposer par testament ou autrement. Ce contrat insinué le 6 juillet au Chatelet et le 19 août au présidial de Xaintes.

Les papiers inventoriés ont été remis en la garde du sieur Duparc et les deux notaires closent l'inventaire par deux signatures magistrales.

SAINFRAY.   CHUPPIN.

INVENTAIRE DU CHATEAU DE RAMBOUILLET

L'an 1666, le lundi 15 février, sept heures du matin, en la compagnie de nous, notaire garde-notes du roi en son châtelet de Paris, soussigné, seroient partis de la ville de Paris, lieu de notre demeure, noble homme Urbain Lambert, avocat en Parlement, secrétaire ordinaire de la Reyne, intendant des affaires de très haut et puissant seigneur Charles de Sainte-Maure, duc de Montauzier, pair de France, etc., exécuteur du testament de Catherine de Vivonne, veuve de Charles d'Angennes, marquis de Rambouillet, fondé de sa procuration devant Sainfroy [2] et nous Chuppin [3] du 2 présent mois, etc. Maitre Claude Puylon,

[1] Étude Tourillon ou Fleury.
[2] Étude de Me Mouchet, 57, rue du Faubourg-Montmartre.
[3] Étude de Me Delafosse, 4, boulevard Strasbourg.

bourgeois de Paris, procureur de la duchesse de Montauzier, fondé de procuration, etc., et Gaspard de Banas, écuyer, sieur de Saint-Germain, procureur de messire François Adheimar de Monteil de Grignan, tuteur des enfants mineurs de lui et de défunte Angélique-Ciarice d'Angennes, fondé de procuration, etc., pour aller au château de Rambouillet appartenant à la duchesse de Montauzier, distant de Paris de dix à onze lieues, sis au pays Chartrain près de Montfort-l'Amaury, et là, faire inventaire des meubles appartenant à la succession de ladite dame. Ayant amené avec nous Claude Marchand, huissier, sergent à verge au Châtelet qui aurait déjà fait la prisée des meubles de Paris.

Et n'étant arrivés audit château qu'à huit heures du soir, nous avons remis l'assignation à demain.

Du mardi 16 février 1666, à la requeste du dudit Urbain Lambert, et en présence de Claude Girard [1], ci-devant concierge du château et auparavant argentier du marquis de Rambouillet et de M. Jean Nepveu, tabellion et procureur au bailliage de Rambouillet, témoins à ce requis, et encore en la présence de Nicolas Grongnard, à présent concierge dudit château, il a été fait inventaire des meubles appartenant à ladite succession.

1. Premièrement dans la cuisine deux marmites de cuivre rouge, etc. . . . . 15 livres [2].

4. Dans la chambre de Mme la comtesse de Crussol, un lit de bois de noyer, quatre chaises, deux tabourets couverts de

---

[1] Claude Girard était de son état ferreur d'aiguillettes ; sa femme fut nourrice de Mlle d'Angennes, depuis Mme de Grignan. Cela fit qu'avec le temps il parvint à être argentier (officier chargé de régler les comptes) de la maison. C'est un des hommes du monde le plus naïf. Mme de Rambouillet s'en divertissait quelquefois et, quand elle savait qu'il avait été en quelque lieu, elle lui faisait raconter ce qu'il avait vu. Il est à cette heure concierge à Rambouillet parce qu'il est devenu vieux.

(TALLEMANT DES RÉAUX, *Historiette de maître Claude*.)

[2] Adjugé à 16 livres 5 sols à Andry, marchand à Montfort.

toile, deux chaises à bras à l'antique garnies de pommes de cuivre et couvertes de velours . . . . 10 livres.

7. Dans la chambre du seigneur de Montauziers une couche à hauts piliers en bois de noyer. Le tour de lit composé de trois rideaux fonds pente et courtepointe de damas jaune garnie d'un galon velouté vert brun, avec quatre cantonnières et soubassement de satin jaune velouté vert brun ; six sièges ployans, deux fauteuils, deux tabourets, le tout couvert de pareil satin vert brun. . . . . 300 livres [1].

8. Dans la garde-robe 21 lés de tapisserie de brocatelle de deux façons, l'une à fond bleu rouge, l'autre à fond aurore et rouge . . . . 30 livres [2].

9. Un matelas de toile, etc. . . . . 18 livres.

10. Dans le cabinet sept chaises de bois noirci couvertes de satin de la Chine, avec frange et mollet de soie, table de bois de chêne avec tapis de pareil satin . . . . 15 livres [3].

11. Dans une petite garde-robe, trois pièces de tapisserie de Bergame . . . . 81 livres.

12. Une couche à bas piliers ; deux matelas, etc. 20 livres [4].

13. Dans le salon neuf chaises de bois noirci couvertes de toile rouge, et une table. . . . . 20 livres.

15. Un tapis de table et 17 couvertures de chaises, fond brun à fleur de diverses sortes . . . . 90 livres [5].

Dans la chambre de l'entresol où couche d'ordinaire le duc de Montauzier, une couche à hauts piliers, deux fauteuils garnis de velours vert, un autre couvert de damas vert, quatre chaises et quatre sièges ployants de bois doré couverts de toile rouge et une petite table de noyer. . . . . 28 livres [6].

17. Dans le cabinet à côté un petit cabinet de bois de poirier

---

[1] Adjugé à 307 livres.
[2] Adjugé à 42 livres à Thomas Mastenu, hôtelier à Rambouillet.
[3] Adjugé à 13 livres à la femme de Jean Nepveu.
[4] Adjugé à 25 livres à Thomas Marleau.
[5] Adjugé à 80 livres à Marie Gallet, à Rambouillet.
[6] Adjugé à 25 livres.

noirci à deux guichets et un guéridon de bois noirci. 60 livres.

18. Un tableau sur bois représentant des clients visitant leur procureur, avec bordure de bois noirci . . . . . . 30 livres.

19. Un tableau sur cuivre représentant les proverbes. 25 livres.

20. Tableau sur bois de Diane au bain, bordure de bois noirci. 20 livres.

21. Tableau sur bois; banquet dans un jardin, avec la barque à Caron, bordure de bois noirci. . . . . 20 livres.

22. Tableau sur bois de la Vierge, bordure de bois noirci. 15 livres.

23. Tableau sur bois bordé de bois noirci. Plats de raisins. 15 livres.

24. Tableau sur cuivre à bordure de bois noirci. Deux pèlerins à genoux devant l'image de la Vierge. . . . 20 livres[1].

25. Tableau sur bois avec bordure de bois noirci. Cléopâtre mourante. . . . . 10 livres[2].

26. Tableau sur bois d'une sainte . . . . 12 livres[2].

27. Petit tableau sur bois d'une amazone . . . 4 livres[3].

28. Deux petits tableaux sur bois représentant deux cailles. 4 livres.

29. Deux autres, un sur cuivre, deux roses ; l'autre sur bois représentant un incendie . . . . 6 livres.

Dans la chambre au dessus appelée des gentilshommes :

30. Lit à hauts piliers; matelas, etc., trois rideaux, etc., demi-écarlate cramoisi garni de bandes de satin vert, soufré en broderie blanche et aurore, avec crespine de soie, couverture de satin rouge piquée, tapis pareil. . . . . 90 livres[4].

32. Douze feuilles de paravent de soie rouge, six chaises couvertes de soie rouge . . . . 30 livres[5].

---

[1] Ces sept tableaux estimés ensemble 145 livres furent adjugés à 125 livres.
[2] Adjugé les deux pour 15 livres à Nicolas Marteau.
[3] Adjugé à 3 livres à Pierre Regnault, hôtelier à Rambouillet.
[4] Adjugé à 100 livres.
[5] Adjugé à 28 livres.

Dans une autre chambre à côté :

33. Une couche à hauts piliers, 2 matelas, etc. 15 livres.

Dans la chambre des pages :

34. Deux couches à hauts piliers, deux matelas, deux couvertures de laine. . . . . 20 livres [1].

Dans la chambre du concierge :

Chenets, table de noyer, couche à bas piliers, etc.

Dans la première chambre de la tour :

38. Couche à hauts piliers à l'antique, paillasse, matelas de futaine, deux lits de toile remplis de plumes, deux couvertures de lit, l'une blanche et l'autre rose sèche ; trois rideaux, deux bonnes graces et le dossier de vieux damas rouge cramoisi garni d'un petit mollet de soie or et argent. . . . 25 livres.

39. Petite couchette à bas piliers. . . . . 40 sols.

Dans la seconde chambre de la tour :

40. Deux couches à hauts piliers, matelas, etc., l'une avec rideaux de couleur olive en broderie à l'antique. 30 livres.

Dans le garde-meubles :

41. Tenture de tapisserie de haute lisse à personnages en douze pièces dont les bordures sont des pots de fleurs avec des demi-corps et de têtes enpavillonnées et quelques sauvages ou satires. . . . . 800 livres [2].

41 *bis*. Treize pièces de tapisserie de haute lisse à ramages. 300 livres [3].

42. Dix pièces de tapisserie de haute lisse à personnages dont les bordures sont à feuilles et fruits. . . . 200 livres [4].

43. Tapisserie de haute lisse à personnages dont une représente un baptême, dont les bordures sont à feuilles et fruits et au bas est un parterre de roses . . . . 300 livres [5].

44. Huit pièces de tapisserie à l'antique à bordure de diffé-

[1] Adjugé à 16 livres.
[2] Adjugé à 720 livres à maître Denis Chapelle, bailli de Rambouillet.
[3] Adjugé à 310 livres à Jacques Legrand, marchand à Paris.
[4] Adjugé à Pierre Prieur, marchand à Montfort, à 238 livres 10 sols.
[5] Adjugé à 214 livres à Pierre Legrand.

rentes fleurs . . . . 400 livres [1].

45. Six pièces à bordure représentant des chasseurs
150 livres [2].

46. Tapisserie de haute lisse en huit pièces représentant
l'histoire de Judith . . . . 350 livres [3].

47. Cinq pièces de tapisserie de haute lisse à personnages
en haut bordures à demi-corps couverts de pavillons.
400 livres [4].

48. Six pièces de tapisserie de haute lisse à personnages
dont les bordures d'en haut ont des têtes de sauvages.
300 livres [5].

49. Huit pièces de tapisserie desassorties représentant
paysages et bêtes fauves, fleurs et herbages, le tout fort
ancien. 225 livres [6].

50. Une pièce représentant des bergers . . . . 20 livres.

51. Douze serviettes de toile de lin, dix damassées et deux
napes. . . . . 8 livres.

52. Six couches à deux piliers, bois de chêne et de noyer
démontées . . . . 6 livres [7].

53. Six tapis de Turquie et un grand de Perse. 350 livres [8].

54 à 59. Tables, chenets, etc.

60. Une têtière, poitrail et autres hardes servant à couvrir
et orner un mulet, de velours noir et gris garni d'un mollet
d'argent. 12 livres.

61 à 69. Rideau de camelot, bande de velours cramoisi,
bande de tapisserie à points de Hongrie, couvertures de chaises
de satin couleur de chair.

70. Ciel de lit à doubles pantes, dont celles de dessus sont

[1] Adjugé à 326 livres au sieur Soret, marchand, à Montfort.
[2] Adjugé à 162 livres à P. Guilleme, tapissier, à Paris.
[3] Adjugé à 361 livres au sieur Prieur.
[4] Adjugé à 411 livres.
[5] Adjugé à 330 livres à Jean Pavillon, marchand, à Montfort.
[6] Adjugé à 170 livres.
[7] Adjugé à 8 livres.
[8] Adjugé à 127 livres à divers.

de velours noir et celles de dedans de damas, trois rideaux, quatre cantonnières, le fonds, le dossier fourreaux de piliers et la couverture, le tout de damas vert garni de crépines, mollet et franges de soie verte, avec les quatre pommes de velours chamarré . . . . 200 livres [1].

71. Tapis de velours cramoisi et de toile d'or à carreaux, doublé de soie rouge et de treillis noir . . . . . . 40 livres.

72. La garniture d'un lit de damas violet . . . 75 livres [2].

73. Un pavillon, rouge cramoisi . . . . 24 livres.

74. Garniture d'un lit de velours rouge, trois rideaux, etc., tapis de table garni de dentelle d'argent, quatre couvertures de chaises du même damas rouge avec franges or, argent et soie . . . . 250 livres [3].

75. Garniture de lit de satin de Bruges rayé. . 30 livres.

76. Garniture d'un petit lit de satin violet. . . 20 livres.

77. Garniture de lit de serge verte . . . . . . 25 livres.

78, 79, 80. Morceaux de velours, etc.

81. Chasuble de satin rouge à feuillages veloutés et or, la croix de toile d'or, manipule, étole, devant d'autel pareil; autre chasuble de taffetas bleu, et manipule; poile mortuaire de velours noir dont la croix est de satin blanc sur lequel sont les armes de Rambouillet en broderie. 75 livres [4].

82. Pavillon de lit de satin gris de lin, doublé de taffetas bleu . . . . 60 livres.

83 à 86. Rideaux de taffetas rouge, etc.

87. Une croix d'esbeine enrichie de petites reliquaires; deux chandeliers de bois doré, trois tableaux d'albastre dans leurs bordures de bois doré. . . . . 20 livres.

88. Une grande couverture d'escarlate où sont les armes de feu seigneur de Pizany . . . . 30 livres.

89. Garniture de lit de velours . . . . 40 livres.

[1] Adjugé à 216 livres.
[2] Adjugé à 67 livres.
[3] Adjugé à 280 livres.
[4] Adjugé à 82 livres.

92. Quatre fauteuils de velours rouge, deux tabourets, deux
formes de pareil velours; six sièges ployeurs, de damas
violet, deux guéridons de bois noirci. . . . . . . 18 livres[1].

Ce fait, comme il n'y a plus rien dans ledit château qui
appartienne à la succession de la marquise de Rambouillet,
nous avons pris jour à demain pour retourner en la ville de
Paris. Et ont les dits sieurs Lambert, de Saint-Germain,
Paylon, Grognard, concierge, Girard et Nepvev, témoin, signé
avec nous notaire la minute du présent inventaire.

CHUPPIN.

[1] Adjugé à 22 livres au sieur Michelet.

III

MÉMOIRE DES FRAIS DUS A CLAUDE MARCHAND, HUISSIER AU CHA-
TELET, POUR VACATIONS FAITES A L'INVENTAIRE ET VENTE
DES MEUBLES DE FEU MADAME LA MARQUISE DE RAMBOUILLET
TANT EN SON HOSTEL DE PARIS QUE CHATEAU DE RAMBOUILLET.

Pour dix vacations de prisée des meubles
de Paris. . . . .   40 livres.
Pour huit vacations de prisée audit château.   32 livres.
Pour 13 journées de vente à 8 livres. . . . . .   104 livres.
Pour deux journées de vente des meubles du
château de Rambouillet à 10 livres. . . . . . .   20 livres.
Plus pour une grosse des deux inventaires. .   135 livres[1].
Pour plusieurs vacations extraordinaires. . .   20 livres.
A deux crocheteurs. . . . .   41 livres.

Ensemble. . . . . .   373 livres.

[1] Cet article fut réduit à 116 livres.

IV

INVENTAIRE DU 23 NOVEMBRE 1671 APRÈS LE DÉCÈS DE MADAME
LA DUCHESSE DE MONTAUZIER, EN CETTE VILLE DE PARIS, A
SAINT-GERMAIN-EN-LAYE ET EN SON CHATEAU DE RAMBOUILLET,
AVEC CEUX FAITS A MONTAUZIER ET A ANGOULÈME.

(Gros registre en papier couvert en parchemin portant cette
mention : Cote première de l'inventaire fait après le décès de
Monsieur le duc de Montauzier en 1690.)

PRÉAMBULE

La duchesse de Montausier meurt à Paris, le 15 novembre
1671, à l'âge de 64 ans.

L'inventaire après son décès est commencé le 23 novembre
par Mes Ogier et Chuppin, notaires à Paris.

Un historien du duc de Montausier, de Puget de Saint-
Pierre, raconte qu'à la mort de la duchesse la douleur de
son mari fut sans bornes, que le duc voulut que sa maison
lui retraçât, jusqu'au dernier instant de sa vie, l'éternité de
sa peine; à partir de ce moment M. de Montausier ne fit plus
vêtir ses gens que d'une livrée funèbre.

L'inventaire de 1671 confirme absolument le récit de l'historien : l'appartement du duc de Montausier après le décès de
sa femme est lugubre, tout en drap noir.

Des actes importants de famille sont signalés par les notaires
dans les papiers qu'ils dépouillent : voici tout d'abord un
acte de partage du 28 juin 1656, devant Mes Levasseur et de
Beauvais, aux termes duquel Julie d'Angennes et sa sœur
Angélique-Clarisse se partagent les biens que leur mère vient
de leur donner.

Pour fournir Madame de Montausier de ses droits qui s'élèvent à 541,400 livres, il lui est attribué :

1º La terre et le marquisat de Rambouillet pour   300,000 liv.
2º La terre et le marquisat de Pisani pour . . .   90,000
3º Le comté de Talmond pour.   50,000
4º La moitié de l'hôtel de Rambouillet pour . .   75,000
5º Sur les aides de Saintes et de Saint-Jean-
      d'Angély   18,000
6º Sur le comté de Castres   12,000
                  Au total. . . . .   545,000 liv.

Comme la part qui lui revient est légèrement dépassée, elle doit une petite soulte à sa sœur.

A l'époque du mariage de celle-ci avec le comte de Grignan en 1658, Monsieur et Madame de Montausier se reconnaissent débiteurs de la future comtesse de Grignan de 72,000 livres.

Mademoiselle de Montausier, la petite-fille de la marquise de Rambouillet, se marie, un an avant la mort de sa grand'-mère qui l'adorait, avec Emmanuel de Crussol de Saint-Sulpice.

Le contrat de mariage des jeunes époux est reçu, le 15 mars 1664, par M^cs Lefranc et de Beauvais, notaires au Châtelet : Monsieur et Madame de Montausier constituent à Julie-Marie de Sainte-Maure, leur fille, une dot de 400,000 livres payable après le décès du prémourant d'eux.

Jusqu'au payement, les parents s'engagaient à faire à leurs enfants une rente annuelle de 20,000 livres.

Mme de Rambouillet donnait à sa petite-fille 10,000 livres de bagues et joyaux.

Le contrat de mariage était ratifié par la famille des époux le 13 décembre 1664.

Après la mort de la marquise de Rambouillet, l'hôtel, qui depuis 1656 appartenait par moitié à Madame de Montausier et à sa sœur, continua à rester dans l'indivision, mais il ne fut habité que par Monsieur et Madame de Montausier.

Aussi voyons-nous, le 31 décembre 1666, le comte de Grignan louer la moitié de l'hôtel, qui appartenait à ses filles, à sa belle-sœur et à son beau-frère, pour six années, moyennant un loyer annuel de 2,000 livres.

L'inventaire de 1671 relate toutes les lettres patentes qui sont les titres d'honneur de la famille de Montausier :

Lettres patentes du 20 mars 1645 qui investissent de Montausier des fonctions de lieutenant général de Sa Majesté. Autres lettres, à la même date, pour la charge de gouverneur d'Angoulême et de Saintes.

Un brevet du roi daté de mars 1642 avait gratifié de Montausier de la terre de Berkein, en Alsace.

Des lettres patentes du 14 octobre 1649 lui confèrent le gouvernement de la haute et basse Alsace ; d'autres, du 12 juin 1663, le gouvernement de Normandie ; à la même date, il est nommé bailli de Rouen et a son entrée au Parlement de Normandie,

Le commandement de la Normandie lui est renouvelé le 3 septembre 1669.

Au mois d'août 1664, le marquisat de Montausier avait été érigé en duché-pairie.

A une époque contemporaine, la duchesse de Montausier était comblée d'honneur de son côté.

Par lettres patentes datées de Fontainebleau, du 26 septembre 1661, Madame de Montausier est nommée gouvernante de l'enfant qu'il plaira à Dieu de donner au roi.

Le 2 août 1664, elle devient dame d'honneur de la reine.

L'inventaire de l'hôtel de Rambouillet est continué par l'inventaire de ce qui se trouve au château de Rambouillet, à Saint-Germain-en-Laye et à Angoulême.

F. LORIN.

L'an 1671, le 23 novembre et jours suivans, à la requeste de très haut et très puissant seigneur messire Charles de Sainte-Maure, duc de Montauzier, pair de France, chevalier des ordres du roi, gouverneur et premier gentilhomme de Mgr le Dauphin, gouverneur de Xaintonge et Angoumois, lieutenant de Sa Majesté en haute et basse Alsace, commandant de la province de Normandie, demeurant à Paris en son hostel rue Saint-Thomas-du-Louvre, à cause de la communauté de biens avec défunte dame Julie-Lucine d'Angennes, duchesse de Montauzier, dame d'honneur de la reine, ci-devant gouvernante de Mgr le Dauphin ; en présence de dame Julie-Marie de Sainte-Maure, épouse de haut et puissant seigneur messire Emanuel de Crussol de Saint-Sulpice, chevalier, comte de Crussol et d'Apchier, baron de Florensac, colonel d'un régiment d'infanterie, demeurant audit hostel ; autorisée par justice au refus dudit seigneur, son époux, suivant jugement de ce jour au Chatelet de Paris. Icelle dame fille et unique héritière de ladite défunte, etc., a été fait par François Ogier et Jean Chuppin, notaires du roi en son Chastelet de Paris, bon et fidèle inventaire, etc., les objets mis en évidence par Martin Herpin, maître tapissier à Paris, concierge dudit hôtel, et par Pierre Courcy, maître d'hôtel dudit seigneur, après serment, etc. Iceux meubles prisés par Claude Marchand, huissier et sergent à verge au Chastelet, vendeur de biens en la ville, prévôté et vicomté de Paris, etc.

Premièrement dans la cave quatorze cordes de bois, cent fagots, douze futailles à gueule bée et dix morceaux de bois servant de chantiers . . . . 30 livres.

2 à 6. Dans la cuisine, deux grandes poêles à frire, huit marmites, deux tourtières, etc.

3. Le duc de Montausier donne procuration à Urbain Lambert pour le représenter à l'inventaire.

Le mardi 24 novembre, l'inventaire continue en sa présence et en celle de la comtesse de Crussol.

Dans la chambre où mangent les gentilshommes :

7. Une couche à hauts piliers ; paillasse, matelas, traversin, couverture de laine verte, rideaux de serge verte . 20 livres.

8. Table de sapin et coffre . . . . 6 livres.

Dans la chambre servant de passage au jardin appellée le pouasle (poële) :

9. Six petites chaises ployantes couvertes de cuir rouge, et trois fauteuils à housses de serge verte . . . . . . 12 livres.

10. Table de bois de noyer et autre de chêne . 10 livres.

11. Tenture de serge noire de 20 aunes et 4 feuilles de paravent couvertes de serge noire . . . . 50 livres.

Dans la chambre où couche actuellement le seigneur Duc, ayant vu sur le jardin :

13. Cabinet de bois noirci à quatre guichets. . . 30 livres.

14. Grande couche à hauts piliers, tour de lit en drap noir . . . . 100 livres.

15. Douze sièges ployans et 4 fauteuils couverts de drap noir . . . . 50 livres.

16. Tenture de drap noir de vingt aunes . . . . 80 livres.

17. Table de noyer couverte d'un tapis de drap noir. 12 livres.

Dans la chambre de M. d'Estancheau à présent occupée par Mlle de la Chaise, au-dessous du grand garde-meubles :

19. Dix morceaux de tapisserie de Bergame . . 6 livres.

21. Armoire, table . . . . 12 livres.

22. Couche à bas piliers; matelas, couverture de laine blanche, etc . . . . 30 livres.

Dans la chambre appellée l'hermitage au second étage ne s'est trouvé que deux pièces de tapisserie de Bergame estimées 3 livres, sans autres meubles.

Dans la grande salle au premier étage, ne se trouve outre les chenets que quatre feuilles de paravent.

28. Dans l'antichambre du premier étage, dix pièces de tapisserie de l'embrasement de Troye. . . . . . 800 livres.

30. Un grand cabinet d'esbeine sur son pied à quatre colonnes, garni de plaques de cuivre doré . . . . 300 livres.

Dans l'alcove de l'antichambre :

31. Grande couche à hauts piliers, matelas, etc., rideaux de tapisserie à point de Hongrie doublés de taffetas rouge et garni de frange de soie ; douze chaises, quatre fauteuils cou-

verts de même tapisserie ; sept morceaux de brocatelle de diverses couleurs de quinze aunes de cours . . . 500 livres.

32. Table et deux guéridcns de noyer ; deux rideaux de taffetas de la Chine . . . . 15 livres.

33. Table et 2 guéridons d'esbeine à plaques de cuivre et un grand miroir de même . . . . 120 livres.

Dans la chambre ensuite où est décédée la dite dame.

34. Couche à hauts piliers, rideaux de broderie de soie à fond de velours, doublés d'un satin à fleurs, six fauteuils couverts de satin à fleurs et trois de velours ; six sièges ployants couverts de satin. . . . . 650 livres.

35. Table et deux guéridons façons de la Chine ; autre table ; grand miroir à bordure de noyer enrichi de chiffres d'argent et cuivre doré. . . . . 200 livres.

36. Lustre de cristal avec son cordon . . . . 200 livres.

37. Un grand cabinet d'ébène enrichi de plaques d'argent et cuivre doré, posé sur quatre colonnes . . . . 250 livres.

38. Un grand cabinet en mignature enrichi de cuivres dorés sur quatre colonnes . . . . 200 livres.

39. Un coffre de nuit sur pied de bois de la Chine, table d'écaille, table de bois à fleurs de rapport, deux grands guéridons de bois noirci, à plaques de cuivre. . . . 120 livres.

40. Lit de repos, deux matelas, traversin, deux fauteuils, six sièges ployans garnis de brocatelle de Venise. 60 livres.

41. Seize tableaux sur toile à bordure à bois doré. 1,200 livres.

42. Deux chandeliers de cristal en girandole. . 60 livres.

43. Grand miroir, bois noirci et cuivre doré. . 80 livres.

44. Dans la garde-robe : douze aunes de tapisserie de cuir doré, une paillasse, un matelas, une couverture de laine rouge . . . . 25 livres.

45. Dans le petit cabinet à côté ; un grand vase de cristal, et six autres . . . . 600 livres.

Dans la chambre lambrissée au troisième étage au dessus de la grande salle.

46. Trois morceaux de brocatelle pour la tenture de l'alcove et cinq tableaux.

47. Lustre de cristal. . . . . 10 livres.

48. Petite couche, deux matelas, etc., tour de lit de serge verte, trois chaises couvertes de drap gris et trois de brocatelle.

45 livres.

49. Cabinet de poirier sur cinq colonnes, table et deux guéridons . . . . 30 livres.

Dans la chambre des demoiselles de feu madame la duchesse :

50. Douze aunes de tapisserie de Bergame, couche à hauts piliers, lit de sangle, matelas, table de bois de chêne, etc.

80 livres.

Dans la chambre des demoiselles de Mme la comtesse de Crussol au dit second étage :

51. Huit morceaux de tapisserie d'Auvergne. . 30 livres.

52. Table avec tapis de moquette, deux sièges, fauteuils, etc.

6 livres.

53. Dans la chambre, au bout du colidor servant au valet de chambre de feue Madame de Montausier : lit, matelas, etc.

10 livres.

Dans la chambre de Thérèze :

54. Couche garnie ; un siège ployant. . . . . . 10 livres.

Dans la chambre des laquais :

55. Deux couches. . . . . 25 livres.

Dans la chambre de l'escuier de cuisine :

56. Une couche. . . . . 15 livres.

57. Dans la chambre de l'aide de l'escuier de cuisine : une couche . . . . 12 livres.

58. Dans la chambre des garçons d'office : un lit de sangle.

10 livres.

Dans la chambre du sieur d'Estanchau, l'un des secrétaires dudit seigneur, vis-à-vis de son hostel.

59. Une petite couche, le tour de serge de Mouy rouge.

40 livres.

60. Trois pièces de tapisserie de Flandre à verdure. 100 livres.

61. Table et tapis. . . . . 6 livres.

Dans la chambre de M. de Beaulieu, capitaine des gardes de mondit seigneur.

62. Neuf pièces de tapisserie de Flandre et Auvergne dessorties . . . . 200 livres.

63, 64, 65. Autres meubles. . . . . 117 livres.

Dans la chambre de M. l'abbé Fléchier [1] :

66. Une petite couche à hauts piliers ; une paillasse ; deux matelas, un traversin, deux couvertures ; le tour de lit de serge rouge ; table de bois de hêtre avec tapis de serge rouge.
40 livres.

Dans la chambre de Messieurs les escuiers :

67. Dix pièces de tapisserie d'Auvergne, deux petites couches, etc. . . . . 200 livres.

68. Dans la chambre du maître d'hotel : une couche, etc.
50 livres.

69. Dans la chambre des pages : trois couches, etc. 30 livres.

Dans le garde-meuble au-dessus de l'écurie :

70. Cinq chaises, douze fauteuils, etc. . . . . 200 livres.

71. Trois bois de lit, six fauteuils, etc. . . . . . 75 livres.

72. Trois tours de lit de serge rouge ; un petit bois de lit de hêtre, servant au lit de damas de Monsieur le Dauphin, deux fauteuils brisés, etc. . . . . 200 livres.

73. La chaise à porter de Mᵐᵉ de Montausier. . 50 livres.

---

1 Esprit Fléchier, né à Pernes (Vaucluse), le 10 juin 1632, d'une famille d'artisans. Entré dans la Congrégation de la Doctrine chrétienne, il s'y distingua comme catéchiste. Il la quitta et vint à Paris en 1661, où il se fit d'abord connaître par des poésies de société. M. de Montausier lui fit obtenir la place de lecteur du Dauphin. Notre inventaire prouve qu'il était commensal de l'hôtel de Rambouillet, et nous verrons qu'il l'était aussi à Saint-Germain-en-Laye. L'oraison funèbre de la duchesse de Montausier qu'il prononça le 2 janvier 1772, dans l'église de l'abbaye d'Hierres, établit sa réputation d'orateur sacré. Ce fut aussi lui qui prononça l'oraison funèbre du duc de Montausier le 11 avril 1690, dans l'église des Carmélites du faubourg Saint-Jacques. Il mourut évêque de Nîmes le 16 février 1710.

Dans la chambre du sieur de Monthulé, lieutenant des gardes :

74. Tapisseries dessorties fort vieilles. . . . . 60 livres.

Dans le grand garde-meuble :

75. Tenture de 18 aunes de brocatelle bleue, housse de lit de repos et huit chaises de pareille brocatelle. 200 livres.

76. Tenture de haute lice en huit pièces de l'histoire de Thiagène et Cariclée. . . . . 2.000 livres.

77. Tenture en huit pièces de brocatelle à fond aurore et bleu, contenant 24 aunes. . . . . 50 livres.

79. Lit de drap de Hollande noir . . . . 200 livres.

83. Deux coffres couverts de velours rouge et cramoisi garnis de galons avec clous d'argent, portés chacun par quatre dauphins et deux portans aussi d'argent. . . . 500 livres.

84. Dans l'un desdits coffres s'est trouvé deux langes de drap écarlate brodés d'or, deux sachets de senteur couverts de satin brodé d'or dans une cassette de toile d'argent. 360 l.[1]

85. Dans l'autre coffre, un écritoire de bois rapporté et un coffre à mettre gans de toile, d'argent et incarnat. 15 livres.

86. Un cabinet de pierres rapportées sur tablette de bois noirci . . . . 60 livres.

87. Tenture de cuir doré de 22 aunes. . . . . 100 livres.

88. Tenture de cuir doré de 19 aunes. . . . . 200 livres.

90. Sept pièces de tapisserie de Flandre à verdures. 300 livres.

92. Huit pièces de tapisserie de haute lisse, de l'histoire de Salomon, contenant 17 aunes . . . . 1,500 livres.

93. Quatre pièces de tapisserie et deux rideaux de taffetas rayé soie et argent faux. . . . . 100 livres.

94. Trois matelas. . . . . 40 livres.

95. Quatre pièces de tapisserie de haute lisse en vingt-quatre bandes contenant 10 aunes. . . . . . . 1,000 livres.

96. Trois carreaux et deux housses de chevaux de velours noir, et un rideau de damas noir. . . . . 100 livres.

97. Un grand tapis de pied et une peau de buffle. 100 livres.

_____

[1] Ces deux articles étaient des souvenirs de la première enfance du Dauphin.

98. Treize tapis de Turquie . . . . 600 livres.

99. Quatre guéridons, un bois de lit, tour de lit de taffetas rayé, etc . . . . 200 livres.

100. Un lit en housse de damas cramoisi, tenture de seize aunes de vieil taffetas de la Chine, tour de lit à queue de paon de satin rayé, six chaises couvertes de broderie de soie à queue de paon . . . . 300 livres.

101. Cinq pièces de tapisserie de damas cramoisi, rouge et vert de 16 aunes, un petit lit d'ange de taffetas de la Chine, etc. 450 livres.

104. Une garniture de lit de velours rouge cramoisi, doublée de taffetas, garnie de galons, crespine, et molet d'or et d'argent, contenant quatre rideaux, deux bonnes graces, deux cantonnières, trois pentes hors le lit, trois pentes en dedans, la courte-pointe, le dossier, les soubassements, quatre pommes de lit avec quatre bouquets de plumes blanches et quatre aigrettes; six housses de sièges ployans, six housses de fauteuils, trois grands carreaux, et trois pièces de tapis de pareil velours chamarré de passement d'argent, avec franges et molet or et argent . . . . 6,000 livres.

106. Deux grands tapis, l'un de Perse, rehaussé de soie, or et argent, l'autre de laine. . . . . 1,200 livres.

107. Une chasuble, un devant d'autel, etc. . . 400 livres.

108. Deux petites pentes de tapisserie de soie sur fond de satin blanc; un manteau de l'ordre du Saint-Esprit, brodé de trophées d'armes d'or et d'argent sur fond de velours noir et doublé de satin aurore . . . . 400 livres.

109. Une écharpe de point d'Espagne or et argent. 200 livres.

110. Une culotte et pourpoint de page de moire blanc argenté, avec le bas de soie de même couleur ; gans et jarretières garnies de rubans d'argent . . . . 250 livres.

111. Garniture de lit de damas couleur de feu, etc. 800 livres.

112. Garniture de lit de velours doublé de damas cramoisi, six housses de chaises sans dossiers, six de chaises ployantes,

un tapis et un écran de pareil velours, le tout garni de campannes d'or et d'argent ; une tenture pareille de 19 aunes ; un dais de pareil velours avec campannes d'argent.

12,000 livres.

113. Un justaucorps de broderie d'or et argent sur moire bleue ; un haut de chausse, un balandrap de broderie d'or et d'argent sur fond d'écarlate ; un justaucorps de broderie d'or et d'argent sur moire cramoisie ; un pourpoint de broderie d'or et argent sur fond de chamois. . . . . 500 livres.

114. Haut de chausse, pourpoint et manteau de taffetas noir, brodé de soie noire. . . . . 100 livres.

115. Justaucorps de velours noir, brodé or et argent, doublé de tabis . . . . 300 livres.

116. Manteau de l'ordre, de velours noir, chamarré de passements . . . . 80 livres.

117. Haut de chausse et pourpoint de moire blanche brodée d'or et d'argent.

118. Haut de chausse brodé or et argent sur drap de Hollande gris blanc ; haut de chausse et pourpoint à casaque brodé or et argent sur camelot de Hollande gris brun.

400 livres.

119. Doublure de manteau de moire à fond d'argent.

60 livres.

120. Trois baudriers brodés or et argent . . . 600 livres.

121. La garniture d'un lit d'ange en tapisserie de 7 aunes ; six housses de sièges ployans de damas bleu, etc. 500 livres.

122. Garniture de lit d'ange et housses de six fauteuils de gaze en broderie de fleurs de soie, doublée de taffetas blanc.

200 livres.

124. Un dais de velours cramoisi chamarré de galons d'argent . . . . 250 livres.

125. Lit de velours rouge brodé d'argent.

126. Une garniture de lit de moire ondée, six housses de fauteuils de taffetas blanc, et courtepointe de satin blanc.

200 livres.

127. Deux petits tableaux sur bois en mignature, représentant deux pots de fleurs ; bordures d'ébène avec leurs vitres. 50 livres.

130. Un petit coffre de bois de cèdre garni de plaques d'argent. . . . . 50 livres.

133. Neuf carreaux de velours rouge, damas blanc, et garnis de galons d'or et d'argent . . . . 400 livres.

136. Dix-neuf pièces de garnitures de lit brodées or et argent sur velours vert et violet . . . . 300 livres.

Ensuit le linge :

138. Douze nappes damassées et une de toile de Venise. 40 livres.

139. Six douzaines de serviettes damassées. . . 50 livres.

140. Dix nappes et deux douzaines et demi de serviettes damassées. . . . . 45 livres.

141. Deux douzaines de draps de toile de lin, trente-deux douzaines de serviettes, vingt-cinq nappes . . . 350 livres.

142. Dix-huit vieux draps de chanvre . . . . . 75 livres.

Ornements trouvés tant dans la chapelle que dans une armoire, dans le corridor du second étage.

143. Un devant d'autel, chasuble, étole et manipule de satin noir brodé en soie noire, galons d'or et d'argent ; autre devant d'autel, chasuble, étole et manipule de brocart de Venise à fond d'or et d'argent, galons d'or et d'argent ; voile violet à fond d'argent garni d'une dentelle d'argent. 120 livres.

144. Devant d'autel, chasuble, etc., de taffetas violet à galons d'or et d'argent. . . . . 150 livres.

145. Devant d'autel, chasuble, etc., étoffe d'argent brodée d'or. . . . . 300 livres.

146. Devant d'autel, chasuble, etc., de satin vert brodé d'or et d'argent ; autre devant d'autel, chasuble, etc., brodé d'or sur fond d'argent. . . . . 600 livres.

Dans le grand cabinet de la comtesse de Crussol :

147. Quatre pièces de tapisserie de Flandre de 10 aunes : Les Métamorphoses d'Ovide. . . . . 500 livres.

148. Lustre de cristal à bras de cuivre dorés. . 80 livres.

Ensuit la vaisselle d'argent et joyaux pour la prisée desquels, sans aucun parisis [1] ont été appelés, par lesdites parties Josse Van Clève et Jean-Baptiste Hardivilliers, marchands orfèvres, bourgeois de Paris, y demeurant, ledit Van Clève, quai de l'Orloge, ledit Hardivilliers, rue Saint-Jacques-de-la-Boucherie.

149. Six flambeaux carrés, deux salières rondes, une salière en triangle couverte à colonnes, deux salières carrées a branches, deux sucriers, une boîte couverte à sucre, une escuelle couverte, deux soucoupes, quatre flambeaux ronds, quatre aiguières couvertes, un cadenas avec sa cuillère, sa fourchette et son couteau, quatre étuis en l'un desquels manque son couteau, quatre basins ciselés, un rond et trois ovales, deux basins ronds unis, quatre vases et deux douzaines d'assiettes, le tout de vermeil doré poisans 219 marcs, à 30 livres le marc . . . . 6,570 livres.

150. Une gantière d'or poisant 2 marcs 1 once 3 gros, à 368 livres le marc . . . . 798 livres 11 sols 3 deniers.

151. Trois cents jetons d'or poisans 10 marcs 4 onces 2 gros, à 368 livres le marc . . . . 3,874 livres.

152. Trente-quatre bourses de jetons d'argent poisans 86 marcs, à 27 livres. . . . . 2,322 livres.

153. Un étui composé de cuillère et fourchette d'or et couteau à manche d'or, poisant 4 onces 4 gros . . . 207 livres.

154. Une bassinoire, un réchaud, une marmitte, un pot de chambre, une cuillère couverte, deux petits chandeliers carrés, un bassin à cracher, une paire de mouchettes, poisant 23 marcs 1 once, à 28 livres . . . 643 livres 103 sols.

155. Une chaîne d'or, de montre, 2 onces, 2 gros.
103 livres 103 sols.

156. Quarante-huit assiettes, une douzaine d'assiettes potagères, 17 cuillères, 18 fourchettes, 8 manches de couteau, un

[1] Augmentation d'un cinquième que la monnaie parisis valait de plus que la monnaie tournois.

étui; neuf grands plats, douze petits, quatre grandes assiettes, six petites assiettes mazarines, une écuelle à oreilles, deux grands plats; huit flambeaux carrés, deux ronds; une grosse salière carrée, une assiette avec sa mouchette; une grande cassolette, une petite neuve, un flacon, cinq bras, cinq corbeilles, deux boites à mouches; quatre pots à bouquets; une tablette garnie de six branches, deux girandoles; deux douzaines de cuillères, autant de fourchettes; un chandelier à branches, deux chenets, les garnitures de la grille du feu; un gril, une cuvette, deux flacons, deux basins ovales, un rond; quatre colliers, quatre esguières, deux soucoupes, deux gobelets et quatre salières, ensemble 688 marcs 2 onces, à 28 livres . . . . 19,271 livres.

157. 25 marcs de crépines et galons d'argent à 16 livres.
400 livres.

158. Dans l'escurie dudit hostel et sous le hangar :
Treize chevaux servant au carrosse, dont sept sous poil blanc et six sous poil gris pommelé, tout sus d'âge . 1,800 livres.

159. Dix chevaux de selle de différents âges. . 800 livres.
Pour la prisée desquels chevaux a été appelé Jean Le Clerc, maître maréchal, demeurant rue des Petits-Champs.

160. Sous ledit hangar s'est trouvé un grand carrosse garni de ses glaces, doublé de velours à ramages rouges, monté sur son train à quatre roues . . . . 400 livres.

161. Un carrosse à portières couvert et revêtu de cuir, garni de damas cramoisi avec ses rideaux de serge et de damas, monté sur son train à quatre roues . . . 200 livres.

162. Vieux carrosse à portières revêtu de cuir, garni de damas rouge, le tout fort usé . . . . 100 livres.

163. Carrosse en galèche doublé de damas rouge. 150 livres.

164. Dix harnais et dix selles. . . . . 100 livres.

165. Avoine, paille, foin . . . . 30 livres.

166. Les sieurs Léonard et Lesourd, libraires à Paris, de l'ordre verbal du duc de Montausier et de la comtesse de Crussol ont estimé les livres étans dans une chambre du

pavillon près des écuries, à . . . . 15,500 livres.

Continuation de l'inventaire par les notaires en présence de Daniel Clinet, sieur de la Chataignerai, secrétaire du duc de Montauzier, et de Claude Raffron, bourgeois de Paris, des meubles étant dans l'hôtel du duc à Saint Germain-en-Laye rue du Pont aux Jurés, ou de l'Abreuvoir, et dans le logement que la défunte occupait dans le château vieil de Saint-Germain, en qualité de dame d'honneur de la reine. Les meubles montrés par René Delacroix et Barbe Heunoré, sa femme, concierge dudit hôtel.

167. Dans l'office : une couchette, etc. . . . . 30 livres.

168. Deux poêles à confitures, etc . . . . 20 livres.

Dans la chambre au-dessus dudit office occupée par les sieurs de Beaulieu et de la Chataigneraie :

169. Six morceaux de tapisserie de Bergame grise; couche à hauts piliers; tour du lit de tapisserie de Rouen. 40 livres.

170. Deux petites tables, chenets. . . . . 4 livres 10 sols.

174. Dans la chambre du sieur Estanchau : lit, etc.
32 livres.

175. Dans la chambre des pages : trois lits, une table.
18 livres.

176. Dans la chambre des laquais : deux matelas, etc.
12 livres.

177. Dans la chambre des écuyers : tenture de droguet de 15 aunes, deux couches et tables . . . . 38 livres.

Dans la chambre du sieur abbé Fléchier :

178. Six morceaux de tapisseries de 10 aunes, en droguet, couches, tour du lit en droguet, petite table, chenets.
30 livres.

(Il n'est pas parlé de sièges.)

Dans la chambre du comte de Crussol :

180. Couche, tour du lit de damas cramoisi ancien. 150 livres.

181. 15 aunes de tapisserie de Bergame . . . . 30 livres.

182. Six sièges ployans, autrement perroquets couverts de moquette . . . . 10 livres.

183. Table et deux guéridons de bois de noyer. 12 livres.

184. Dans la garde-robe un lit à bas piliers. . 15 livres.

185. Dans la chambre des gentilshommes : une grande couche . . . . 60 livres.

186. Une petite table . . . . 6 livres.

187, 188. Dans la chambre de M. de Montulé, tenture et lit. . . . . 30 livres.

189, 192. Dans la chambre du maistre d'hôtel, lit, etc. 46 livres.

193. Dans un cabinet proche la cave, matelas et couverture. . . . . 100 sols.

194. Dans le garde-manger, lit, etc. . . . . . . 14 livres.

197. Dans les écuries, sept chevaux de selle, dont un pommelé, un gris, deux noirs, les trois autres bais, le tout hongre . . . . 600 livres.

198. Brides, etc. . . . . 40 livres.

199. Dans la cour, un chariot sur quatre roues. 30 livres.

200. Dans la chambre du suisse : un lit, etc. . . 6 livres.

Dans le garde-meubles :

201. Un lit, matelas, rideaux de damas vert, 19 aunes de tentures de pareil damas doublée de toile, deux fauteuils, etc. 400 livres.

202. Deux tapis de pied . . . . 40 livres.

203 à 209. Tapisserie, matelas, table de bois d'olivier à colonettes torses, etc.

Ensuit le linge :

210. Quatorze douzaines de serviettes de toile ouvrée. 60 livres.

213. Dix-huit paires de draps de toile de lin. . 75 livres.

214. Dix-sept paires de draps de toile de lin. 100 livres.

216. Deux housses de chaises de broderies or et argent, une sur velours vert, l'autre sur drap écarlate. . 400 livres.

117. Huit couvertures de mulets de drap vert aux armes dudit seigneur. . . . . 70 livres.

Dans la chambre de l'appartement de mondit seigneur le duc de Montauzier dans le chasteau neuf :

218. Une table, un tapis, douze perroquets. . . 30 livres.

219. Paillasse, matelas, etc.

Du 28 novembre :

Dans la cuisine de l'appartement du chasteau neuf :

221, 227. Chenets, casseroles, torchons.

228. Dans la soupente de la cuisine, deux couches, etc. 15 livres.

229. Quatre grands plats, neuf moyens, douze petits ; douze petites assiettes mazarines, huit moyennes et quatre grandes, pesant 245 marcs, à 28 livres le marc. . . . . 6,860 livres.

Dans l'office occupé par mondit seigneur dans ledit chasteau neuf : ·

230. Six douzaines d'assiettes plates, une douzaine d'assiettes potagères, trois bassins ronds, deux ovales, six petits plats, trente cuillères et trente fourchettes ; quatre flacons et quatre soucoupes ; six esguières, quatre porte-assiettes ; une grosse salière, quatre petites ; six flambeaux carrés ; une écuelle couverte ; une assiette avec sa mouchette, seize manches de couteaux ; ensemble 432 marcs 7 onces, à 28 livres. 12,120 l. 10 s.

231. Un cadenas [1] de vermeil doré de 7 marcs 4 onces. 225 l.

Dans un grenier dudit hotel se sont trouvés les meubles ci-après déclarés, qui ont été apportés du chasteau vieil dudit Saint-Germain où ils meubloient l'appartement qu'occupoit ladite défunte dame comme dame d'honneur de la Reine.

233. Une couche à bas piliers, etc. . . . . . . 30 livres.

234. Tapisserie de Flandre à petits personnages. 300 livres.

[1] Coffret renfermant le couteau, la cuiller, la fourchette, la salière, etc., mis à la place des princes dans les diners d'apparat.

235. Pavillon de brocatelle de fil blanc et vert. . 5 livres.

236. Matelas, etc.

. 241. Tapisserie de haute lisse d'Auvergne de l'histoire d'Astrée. 300 livres.

. 243. Bois de lit, le tour de damas blanc à franges d'or ; six fauteuils, six sièges ployans de pareil damas. 500 livres.

253. Un grand miroir à bordure de bois peint dont la plus grande glace est cassée ; huit petites autour et deux petits chandeliers dorés. . . . . 150 livres.

INVENTAIRE DU CHATEAU DE RAMBOUILLET [1]

Le mardi 1er décembre 1671, neuf heures du matin, en continuation dudit inventaire, en présence des sieurs Lambert et Chauveau, intendans et procureurs du duc de Montauzier et de la comtesse de Crussol, a été fait par ledit Chuppin, notaire, en présence des sieurs de la Chataigneraie et Raffron, témoins à ce appelés, bon et fidèle inventaire des meubles appartenans à ladite communauté dans le chasteau du marquisat de Rambouillet, situé au pays Chartrain, près Montfort l'Amaury ; dans lequel s'étaient rendus dès le jour d'hier avec ledit Marchand, huissier :

Iceux meubles représentés par Jacques Raymond, tapissier et concierge dudit chasteau, etc.

Premièrement à la cuisine : deux marmites et une cuvette de cuivre rouge. . . . . 12 livres.

2. Deux grands bassins, deux chaudrons, deux écumoires de cuivre jaune. . . . . 10 livres.

3. Deux hastiers, deux broches, deux chenets de fer 12 l.

---

[1] On peut être surpris de revoir dans cet inventaire la plupart des meubles vendus cinq ans auparavant. Mais la note de la page 65 nous apprend que la duchesse de Montausier en racheta la plus grande partie. Quelques acquéreurs lui cédèrent sans doute aussi leurs achats.

Dans la chambre de Mme de Crussol :

4. Une grande couche de bois de noyer garnie de son en-fonçure, quatre chaises et deux tabourets couverts de toile, deux chaises à bras à l'antique garnies de pommes de cuivre et couvertes de velours. . . . . 10 livres.

5. Dans la garde-robe, chenets. . . . . 40 sols.

6. Une couche à hauts piliers et deux chaises couvertes de velours cramoisi. . . . . 4 livres.

7. Dans la chambre du duc de Montausier, couche à hauts piliers, trois rideaux, etc., de damas jaune avec galon velouté vert brun, tapis de table, six sièges ployans, deux fauteuils, deux tabourets de pareil satin velouté. . . . . . 250 livres.

8. Dans la garde-robe vingt et une lèz de tapisserie de brocatelle de deux sortes, l'une à fond bleu et rouge, l'autre à fond aurore et rouge. . . . . 40 livres.

9. Matelas, traversin, trois sièges. . . . . 20 livres.

10. Dans le cabinet, sept chaises de bois noirci couvertes de satin de Chine, table couverte de pareil satin. 12 livres.

11. Trois pièces de tapisseries de Bergame . . . 8 livres.

12. Couche, deux matelas, pavillon de serge verte. 22 livres.

13. Dix-sept chaises de bois noirci couvertes de toile rouge.
25 livres.

14. Tapis de table et dix-sept couvertures de chaises en tapisserie à l'aiguille à fleurs . . . . 75 livres.

Dans la chambre de l'entresol où couche d'ordinaire le duc de Montausier :

16. Couche et son enfonçure, trois fauteuils de velours vert à frange de soie ; chaise à bras couverte de serge grise ; quatre chaises et le siège ployans de bois noirci doré couvert de toile rouge ; petite table de bois de noyer. . . 25 livres.

17. Dans le cabinet à côté, cabinet à deux guichets et gué-ridon de bois de poirier noirci . . . . 45 livres.

18. Tableau sur bois représentant des clients visitant leurs procureurs, à bordure de bois noirci . . . . 15 livres.

19. Tableau de Diane au bain, sur bois . . . . 12 livres.

20. Tableau sur cuivre, des Proverbes. . . . . 20 livres.

21. Tableau peint sur bois : un banquet dans un jardinage avec la barque à Caron.

22. La Vierge et son fils avec saint Joseph et plusieurs anges. . . . . 15 livres.

23. Tableau d'un plat de raisin . . . . 10 livres.

24. Deux pèlerins devant la Vierge . . . . 15 livres.

25. Cléopatre mourant . . . . 10 livres.

26. Sainte Cécile . . . . 12 livres.

27. Tableau d'une amazone . . . . 4 livres.

28. Deux petits tableaux sur bois représentant des cailles.
4 livres.

29. Tableau sur cuivre : deux roses ; autre sur bois : un incendie . . . . 6 livres.

Dans la chambre au dessous appelée des gentilshommes :

30. Couche, matelas, etc., rideaux d'écarlate cramoisi garnis de bandes de satin vert gauffré, en broderie de soie blanche et aurore avec molet et crespine de même soie ; couverture piquée de satin rouge, tapis même étoffe. 80 livres.

32. Trois tables de noyers, six chaises, une forme couverte de velours rouge. . . . . 25 livres.

33. Dans une autre chambre à côté : couche, deux matelas, quatre couvertures de laine, table et deux chaises. 20 livres.

34. Dans la chambre des pages, deux couches, matelas, etc.
15 livres.

35, 37. Dans la chambre du concierge : couche, etc. 29 livres.

Dans la première chambre de la tour :

38. Couche, matelas, etc., rideaux de vieux damas cramoisi garni d'un molet, soie, or et argent. . . . . 26 livres.

39. Couche à bas piliers . . . . 30 sols.

40. Dans la seconde chambre de la tour : deux couches, matelas, etc., trois pentes et fond de drap couleur olive à broderie . . . . 25 livres.

Dans le garde-meuble :

42. Tenture de tapisserie de haute lisse à personnages; les bordures sont de petites fleurs, en douze pièces . 700 livres.

43. Autre tenture en trois pièces. . . . . 300 livres.

44. Autre à personnages, en dix pièces ; les bordures sont fruits et feuilles. . . . . 220 livres.

45. Autre dont une pièce représente un baptême ; les bordures sont fruits et feuilles et au bas est un pot de roses.
300 livres.

46. Tapisserie de haute lisse à l'antique, verdures et fleurs, sept pièces . . . . 425 livres.

47. Sept pièces de verdures représentant des chasseurs.
150 livres.

48. Huit pièces de l'histoire de Judith. . . . . 350 livres.

49. Cinq pièces ; au haut des bordures, des demi-corps couverts d'un pavillon . . . . 360 livres.

50. Six pièces ; la bordure par haut, des têtes de sauvages.
300 livres.

51. Huit pièces ; paysages et bêtes fauves. . . 200 livres?

53. Vingt-deux serviettes, deux nappes damassées. 10 livres.

54. Six couches de bois de chêne . . . . 6 livres.

55. Six tapis de Turquie et un de Perse. . . . 300 livres.

57. Chandelier à quatre branches, façon, de corail doré.
10 livres.

59. Une cloche de moyenne grosseur. . . . . . 10 livres.

60. Tenture d'un mulet de velours noir et gris garni d'un molet d'argent. . . . . 10 livres.

61 à 66. Tapis, morceaux de velours, garnitures de chaises.

69. Garniture de lit de damas vert . . . . . . 150 livres.

70. Tapis de velours cramoisi et toile d'or à carreaux.
30 livres.

71. Couche, lit d'ange de taffetas, feuille morte, garni d'un mollet de non pareille d'argent faux. . . . . . . 150 livres.

72. Lit de satin blanc garni de tapisseries de diverses couleurs, matelas, etc . . . . 250 livres.

74. Garniture de lit de damas violet . . . . . . 60 livres.

76. Garniture de lit de damas cramoisi, crespines, soie, or et argent; tapis de table garni de dentelle d'argent; quatre couvertures de chaises de pareil damas . . . . . 200 livres.

77 à 82. Garnitures de lit. . . . . 20 à 30 livres.

83. Chasuble de satin rouge, la croix de toile d'or; feuillages veloutés d'or; autre chasuble de taffetas blanc avec petit galon d'or; poêle mortuaire de velours noir, la croix de satin blanc, brodé aux armes de Rambouillet. . . 75 livres.

84 à 88. Rideaux et tapis.

89. Croix d'ébène enrichie de petits reliquaires; quatre chandeliers de bois doré, deux tableaux d'albâtre. 20 livres.

90 à 94. Fauteuils, tapis.

95. Sur la tour se sont trouvés six petits fauconneaux et trois couleuvrines, le tout fort antique . . . . . . 50 livres.

96. Dans les écuries : six mulets hongres . . 400 livres.

97. Une petite calèche découverte pour la promenade, doublée de damas rouge. . . . . 30 livres.

INVENTAIRE DES TITRES

Le jeudi 3 décembre 1671, en l'hôtel de Rambouillet, à Paris :

1° Le contrat de mariage du duc de Montausier et de Julie-Lucine d'Angennes, devant de Beaufort et de Beauvais[1], le 17 juin 1645. Par lequel est convenu qu'ils seront communs en tous biens selon la coutume de Paris. Charles d'Angennes, marquis de Rambouillet, et Catherine de Vivonne Savelli donnent à leur fille en avancement de succession le marquisat de Pisani et le fief de Faye en dépendant, la baronnie de Talmond en Xaintonge ; à la charge de payer la rente de

---

[1] La minute de ce contrat n'existe plus dans l'étude de Mᵉ Rey ayant été détruite dans un incendie (note de Mᵉ Rey).

1,527 livres due aux héritiers de M. de Meux. Les mêmes
donnent à leur fille en bagues et joyaux la somme de
30,000 livres. Et a promis ladite d^elle^ d'apporter la part
qu'elle avait en l'engagement des coches d'Orléans, consistant en un 7e et un 21e, et encore la somme de 10,000 livres,
en deniers comptans. Desquelles sommes il entrerait 20,000 livres dans la communauté. Ledit seigneur a doué ladite
d^elle^ du douaire coutumier ou de 12,000 livres de rentes ;
et outre qu'elle aurait son habitation dans la seigneurie de
Pugny en Poitou. Et en cas de renonciation à la communauté,
elle pourrait prendre ce qu'elle a apporté en mariage, et ce
qui lui serait advenu par succession ou donation, sans être
tenue d'aucune dette.

Comme aussi Marguerite de Chateaubriant, veuve de Léon
de Sainte-Maure, seigneur de Montauzier, mère du futur
époux, l'a reconnu comme son unique héritier.

Ensuite est la quittance du 8 juillet pour les mariés des
30,000 livres de bagues et joyaux promis.

2. Inventaire après le décès de Catherine de Vivonne, le
7 janvier 1666.[1]

Les notaires procèdent au recolement des papiers et titres
contenus dans cet inventaire. Ils notent sous la cote 1 le titre
de la rente due par le duc de Parme[2].

La cote 95 et dernière est la donation du 28 juin 1636, par
la marquise de Rambouillet, à ses filles, de tous ses biens, et
entre autres de la rente de 9,000 livres sur les aides de Saintes.[3]

3. Deux pièces, dont la première est l'expédition du partage fait entre la duchesse de Montauzier et sa sœur Angélique

[1] Voir ci-devant p. 62.
[2] La note suivante a été ajoutée en marge : Par le 15e compte du sieur
Lambert, vendu à M. le duc de Montauzier en 1678, il est fait recette de
26,000 livres, pour la moitié du principal et arrérages, frais et change
déduits, de la rente due par M. le duc de Parme.
[3] Une seconde note marginale dit : « Par le compte du sieur Lambert,
rendu à M. le duc de Montauzier en 1665, il est fait recette de 63,000 liv.
pour le remboursement des aides de Saintes et Saint-Jean-d'Angely. »

Clarice d'Angennes, devant Levasseur et de Beauvais, le 28 juin 1656, des biens paternels et de ceux donnés par leur mère. Il s'est trouvé appartenir à la duchesse de Montauzier 541,400 livres, pour lesquels il lui a été accordé le marquisat de Rambouillet 300,000

Le marquisat de Pisani 90,000

Le comté de Talmont. 50,000

La moitié de l'hôtel de Rambouillet 75,000

La moitié de 9,000 livres de rente sur les aides de Saintes et St-Jean-d'Angely. 18,000

Et la moitié de la rente de 2,000 livres sur le duc de Parme. 12,000

Ce qui fait 3,600 livres de retour à sa sœur.

Le tout à la charge de payer par moitié les dettes de la succession paternelle et de fournir la pension réservée par leur mère.

Devant Hubault[1] et Chuppin, le 4 octobre 1666, M. et Mme de Montauzier ont payé le retour de 3,600 livres par une constitution de rente en faveur des filles mineures d'Angélique Clarice d'Angennes et du comte de Grignan.

La seconde pièce est transaction devant Gigault[2] et de Beauvais, du 25 avril 1638, par laquelle les seigneur et dame de Montauzier étaient tenus envers ladite Angélique-Clarice d'Angennes, lors en proposition de mariage avec le comte de Grignan, en une soulte de partage de 3,600 livres et en 68,563 livres 17 sols, faisant moitié des dettes de la succession du marquis de Rambouillet que ladite dame avait payées sur le prix de vente des terres d'Arquenay, Maisoncelles et Champfleury, reconnaissent cette dette dont le règlement est différé jusqu'à la mort de la marquise de Rambouillet.

4. Deux pièces. Le testament de la marquise de Rambouillet devant Hubault et Chuppin les 25 et 27 décembre 1665.

---

[1] Ciprien Hubault exerça de 1665 à 1668 ; étude de M° Ricard.

[2] Pierre Gigault succéda, du 13 février 1638 à 1675, à Pierre de Beaufort dans l'étude de M° Rey.

donnant à la duchesse de Montausier ses vases, cristaux, porcelaines, tableaux, meubles et hardes de ses cabinets. Elle fait ses légataires universelles des biens qu'elle s'était réservés, par moitié, la duchesse de Montausier et les d^lles de Grignan. Elle nomme le duc de Montausier son exécuteur testamentaire.

La seconde est accord le 3 octobre 1666 devant Hubault et Chuppin, entre la duchesse de Montausier, fondée de procuration de son mari et le comte de Grignan, tuteur de ses filles. Les deniers de la vente des meubles de la dame de Rambouillet, joints à d'autres effets de succession mobilière, se sont montés à 43,308 livres sur lesquelles 20,166 livres 15 sols ont été employées aux legs fixes, frais funéraires et autres charges de la succession, y compris les arrérages jusqu'au 30 septembre 1666 des pensions viagères par elle données sur sa succession. Il n'y aurait donc à partager que 23,441 livres 5 sols. Pour la moitié desquels les seigneurs et dame de Montausier s'obligent à payer à l'acquit desdites demoiselles de Grignan 7,200 livres pour la moitié du principal de 800 livres de rente dont elles étaient tenues envers le collège du Mans en l'Université de Paris; plus les sommes dues par elles aux sieurs Habier et Boutin; ont payé comptant 2,210 livres 5 sols 6 deniers.

Par ledit contrat appert que, suivant convention verbale entre les parties sur les dettes des successions du marquis et de la marquise de Rambouillet, déclarées communes par le contrat du 20 avril 1658, lesdits seigneur et dame de Montausier ont remboursé la moitié de la rente due au collège du Mans, la rente due à Mme la comtesse de Carces et les 5,000 livres dues au sieur Duparc, sous le nom du sieur Dautan, ensemble 32,200 livres.

Comme aussi que ladite dame de Grignan avait racheté, le 4 mars 1658, la rente de 1,250 livres due à M. Conrard, des deniers empruntés à M. Habier, conseiller en Parlement, auquel les seigneur et dame de Grignan ont racheté, le

29 décembre 1661, 500 livres de rente et ne serait dû que
750 livres de rente de laquelle le comte de Grignan se serait
chargé.

Plus le seigneur et dame de Montausier se serait chargé de
la rente due à l'abbaye de Saint-Denis sur la terre des
Essarts, et le comte de Grignan de celle de 70 livres sur la
terre de Daniet, au sieur de la Vignolle.

Plus, est fait mention de la vente faite par les seigneur et
dame de Montausier et de Grignan, le 28 novembre 1664, au
sieur Oudinot, de la maison de Guémaduc pour 30,000 livres.

Plus, l'affaire du sieur Duparc aurait été terminée aussi
bien que celle du sieur Canaye.

Plus que chaque partie contribuerait pour moitié aux
affaires des sieurs Millet, Béraud, Des Essarts et Gordon et
de M. Montigny.

Plus qu'il demeure en commun entre eux l'hôtel de Rambouillet, rue Saint-Thomas-du-Louvre, les 2,000 livres de
rente dues par le duc de Parme, l'affaire pour laquelle il y a
un ancien procès à la rotte de Rome, et généralement tous
autres effets des dites successions. Avec réserve du compte à
faire pour les bois de Viels Églises vendus à Louis Dumond
et de l'affaire de la veuve de la Garde.

Plus les sieur et dame de Montausier auraient solidairement
constitué aux demoiselles de Grignan 5,183 livres 3 sols de
rente pour payement de 103,663 livres 17 sols 6 derniers, y
compris 31,500 pour la moitié du remboursement de la rente
sur les aides de Xaintes de Saint-Jean-d'Angély.

Finalement a été fait partage des biens advenus aux dites
dames de Montausier et de Grignan par partage avec Mme de
Maintenon de quelques biens des successions du cardinal de
Rambouillet et de l'évêque du Mans devant Michel[1] et de Saint-
Waast[2], le 20 décembre 1661, pour lequel il demeure à la

---

[1] Étude de M⁰ Cocteau. Louis Michel exerça de 1660 à 1667.
[2] Étude de M⁰ Fay ou de M⁰ Merlin, deux notaires du même nom exerçant
en 1661.

dame de Montausier la terre de Vieils Église, laquelle a payé à la dame de Grignan 2,888 livres 11 sols.

5. Trois pièces : 1° Transaction le 13 septembre 1658, devant Ganeau [1] et de Saint-Waast, entre les dames de Montauzier et de Grignan, héritières sous bénéfice d'inventaire du marquis de Rambouillet, leur père, qui était héritier, par bénéfice d'inventaire, de Charles d'Angennes, cardinal de Rambouillet, et de Claude d'Angennes, évêque du Mans, d'une part ; et dame Marie Le Clerc, veuve de Messire Louis d'Angennes, marquis de Maintenon, tutrice honoraire, et Mlle Pierre Boutet, tuteur onéraire des enfants mineurs dudit sieur de Maintenon, qui était fils de Louis d'Angennes et héritier par bénéfice d'inventaire desdits cardinal de Rambouillet et évêque du Mans, et encore ledit sieur de Maintenon héritier, par bénéfice d'inventaire, de Jacques d'Angennes, évêque de Bayeux, d'autre part :

A été convenu que, pour parvenir à l'acquit de la rente de 800 livres due au Collège du Mans, il serait procédé à la vente de la coupe de 116 arpens de taillis sur Vieils Eglises, après déduction des réparations à faire aux étangs et moulin de la dite terre; à condition que, si ces derniers n'étaient suffisans, les parties contribueraient par moitié pour y suppléer. Comme aussi a été convenu que ladite terre de Viels Eglises et celle du tiers de Dangeul seraient partagées par moitié.

La seconde est le partage des terres de Dangeuil et de Viels Églises devant Michel et de Saint-Waast, le 23 décembre 1661. La coupe du bois de haute futaie du tiers de Dangeul vendu 10,000 livres et la seigneurie de Viels Églises près Rambouillet forment le premier lot advenu aux dames de Montausier et de Grignan estimé 25,761 livres. Le second lot, advenu à la dame de Maintenon, contient le fief de Behou et la seigneurie du tiers de Dangeul consistant en quatre fermes et estimé 30,000 livres.

---

[1] Étude de M° Yver ; Philippe Ganeau de 1653 à 1663.

La troisième est quittance devant Pain[1] et de Beauvais, le
13 janvier 1663, par les seigneur et dame de Montausier, de
2,880 livres 11 sols, faisant avec 10,000 livres 12,880 livres,
pour la moitié revenant à la dite dame de Grignan dans le
premier lot, le surplus revenant à la dame de Montausier.

6. Quittances de la rente de 800 livres jusques au rachat.

7. Vente devant Charles Marteau, commis sous le principal
tabellion du marquisat de Rambouillet, le 6 novembre 1658,
par la dame de Montauzier à Louis Dumont, marchand à la
Villeneuve de Rambouillet, de la coupe de 116 arpens de bois
taillis et haute futaie dit le bois de la Tour, en la terre de
Viels Églises, pour 17,980 livres payables moitié à Noël
1659 et moitié à la Saint-Jean 1660, entre les mains du principal du Collège du Mans.

La seconde est acte du 29 octobre 1666 devant Lebeuf et
Chuppin, par lequel la dame Montausier et Nicolas Dumont,
sieur du Parc, caution de son frère Louis Dumont, adjudicataire du marché, d'autre part, reconnaissent que le prix de la
coupe n'a pas été payé au Collège du Mans, mais a été con-
sommé en réparations au moulin et aux étangs et au payement des arrérages de ladite rente et le surplus au profit par-
ticulier des seigneur et dame de Montausier et de la dame
de Grignan.

8. Accord passé à Saint-Germain-en-Laye devant Gallois [2],
le 1ᵉʳ octobre 1669, entre les seigneur et dame de Montausier,
d'une part, et le comte de Grignan pour ses filles et le sieur
Chuppin, leur tuteur onéraire, d'autre part; après examen de
l'emploi du prix de la coupe du bois de la Tour, les seigneur et dame de Montausier se sont reconnus redevables
aux demoiselles de Grignan de 2,119 livres et de 5,992 livres
10 sols. Plus 1,000 livres pour moitié de 2,000 livres reçues de
la veuve Lagarde, ensemble 9,411 livres 14 sols pour lesquelles

[1] Étude de Mᵉ Labouret. Léonor Pain exerça de 1655 à 1667.
[2] Étude de Mᵉ Blanchet. Philippe Gallois exerça de 1636 à 1687.

ils leur constituent une rente de 470 livres 11 sols 9 deniers.

9. Sentence rendue au Châtelet, le 22 février 1670, par laquelle la dame Marie Leclerc, veuve du sieur de Maintenon, tutrice de ses enfants, a été condamnée envers les seigneurs et dame de Montausier et ledit Chuppin, notaire, tuteur des demoiselles de Grignan, à payer 314 livres pour la moitié du supplément de la rente du Collège du Mans ; 666 livres pour la moitié des réparations faites au moulin et étangs de Viels Églises avant le partage ; 600 livres pour moitié des arrérages de la rente du Collège du Mans ; et 2,117 livres 10 sols pour la moitié du revenu du tiers de Dangeul, perçu par la dame de Maintenon pendant trois années et demi. Ensemble aux frais de la dite sentence.

10. Contrat de mariage d'Emmanuel de Crussol de Saint-Sulpice, comte de Crussol [1]. et Julie-Marie de Sainte-Maure, devant Le Franc[2] et de Beauvais le 13 mars 1654. Les seigneur et dame de Montausier constituent 400,000 livres payables après le décès de l'un d'eux, et jusque-là l'intérêt à 20,000 livres et outre lui donnent pour 30,000 livres de bagues et joyaux, et la dame de Rambouillet 10,000 livres en bagues et joyaux. Il entrerait en communauté la somme de 50,000 livres et le surplus et tout ce qui lui arriverait pendant le mariage lui demeurerait propre. Si la duchesse de Montausier prédécédait, les 400,000 livres seraient prises sur ses biens de ladite dame, mère, sans faire préjudice au douaire de 12,000 livres de rente, à elle constitué et stipulé propre à ses enfants par son contrat de mariage du 27 juin 1645. Et si la future épouse veut laisser au survivant les biens du prédécédé, le pourra faire en recevant la rente de 20,000 livres.

Ensuite est un acte du 13 décembre 1664 devant Le Vasseur et Chuppin, qui est ratification de ce contrat par François de

---

[1] Emmanuel II de Crussol, cinquième duc d'Uzès, né en 1642.
[2] Étude de M° Girardin. Nicolas le Franc, 1652-1688.

Crussol, duc d'Uzès[1], dame Marguerite d'Apchier[2] et le duc et la duchesse de Montausier.

11. Bail devant Sainfray et Chuppin, le 30 septembre 1666, par le comte de Grignan aux seigneurs et dames de Montausier, de la moitié de l'hôtel de Rambouillet appartenant à ses filles, pour 2,000 livres.

12. Lettres de provision de la charge de gouverneur et lieutenant général de Sa Majesté ès pays de Xaintonge et Angoumois, pour le duc de Montausier du 20 mars 1643. Sur le repli acte de prestation de serment du 30 mars, enregistrement en Parlement du 10 mai, et enregistrement de la sénéchaussée d'Angoulème du 10 novembre.

13. Lettres patentes de même date pour les charges de gouverneur du château d'Angoulème et de la ville de Xaintes.

14. Brevet signé Louis et plus bas Bouthilier, à Narbonne, du 31 mars 1642, par lequel Sa Majesté donne au marquis de Montausier la terre de Berkcim en Alsace délaissée depuis le décès du comte de Nassau[3].

15. Lettres patentes signées Louis et sur le repli par le roy, la rayne régente, pour la charge de lieutenant général de Sa Majesté pour la haute et basse Alsace pour le seigneur de Montausier qui commandait audit pays dès 1638.

16. Cinq pièces : 1° Lettres patentes en faveur du duc de Montausier pour commander sous l'autorité de Sa Majesté pendant trois ans en la province de Normandie et ès villes et châteaux de Caen, Dieppe et Pont-de-Larche, datées du 12 juin 1663. Au dessous sont trois enregistrements : en la cour de Parlement de Rouen, le 24 juillet audit an ; l'autre en la Chambre des comptes de Normandie, le 12 juin 1665 ; et

---

[1] François de Crussol, quatrième duc d'Uzès, né à Uzès le 24 avril 1604.
[2] Marguerite, fille de Jean II, comte d'Apchier et de Marguerite de Flageac, mariée le 28 septembre 1636.
[3] D'après une note marginale cette terre fut vendue par M. de Montausier, le 25 juillet 1679, pour 30,000 livres, à M Birkenfeld. M. Lambert fait recette de cette somme dans son compte de 1679.

l'autre au bureau des finances de Rouen, le 25 septembre suivant.

17. Lettres d'honneur en faveur du duc de Montausier pour avoir entrée, séance et voix délibérative en la cour de Parlement de Rouen du 12 juin 1663. Acte de prestation de serment le 24 août audit an.

18. Lettres de commission au même d'exercer la charge de bailli en la ville de Rouen, du 12 juin 1663.

19. Lettres patentes du 3 septembre 1669 continuant pour trois ans le duc de Montausier dans le gouvernement de la Normandie.

20. Lettres patentes du 21 septembre 1668, nommant le duc de Montausier gouverneur du Dauphin et premier gentilhomme de sa chambre.

21. Lettres patentes datées de Fontainebleau 26 septembre 1661, nommant Mme de Montausier gouvernante de l'enfant qu'il plairait à Dieu donner par le prochain accouchement de la royne, soit mâle ou femelle, avec la surintendance de sa maison.

22. Lettres patentes données par la royne à Fontainebleau, le 2 août 1664, qui donne à la duchesse de Montausier, gouvernante du dauphin, la charge de sa dame d'honneur.

23. Lettres patentes d'août 1664 d'érection en duché-pairie du marquisat de Montausier.

Lettres de suranation desdits lettres du 27 novembre 1665.

Arrêt d'enregistrement du Parlement du 2 décembre suivant.

24. Lettres patentes d'avril 1658 pour le rétablissement d'un marché au bourg de Pisany [1] tous les mardis de l'année. Enregistrement au présidial de Xaintes.

25. Testament de Catherine de Sainte-Maure, veuve de Messire Jean de Gallard, chevalier des ordres du roi, comte

---

[1] Canton de Saujon (Charente-Inférieure).

de Brassac, reçu par de Beauvais et de Beaufort le 15 septembre 1645. Elle donne tous ses biens disponibles à son neveu, Charles de Sainte-Maure.

26. Inventaire après le décès de Catherine de Sainte-Maure, comtesse de Brassac, devant Ricordeau [1] et de Beaufort, le 15 juin 1648, à la requête des procureurs de M. Montausier, seul héritier institué ; de Henri de Baudéan, comte de Parabère, de Françoise Tiraqueau, veuve de Charles de Baudéan, comte de Neuillan, et de Me Antoine de Bort, intendant de la défunte, comme procureur de Catherine de Sainte-Maure, épouse de Philbert Elie de Pompadour, marquis de Laurière ; et en la présence de Germain Souflot, substitut du procureur du roi au Châtelet, pour l'absence de Gui de Sainte-Maure, seigneur de Fougeré, tous présomptifs héritiers de ladite dame, et encore en présence du procureur de Henri de Sainte-Maure, prêtre de l'Oratoire [2].

Mention de l'inventaire fait le 15 mai 1645, après la mort du comte de Brassac, de l'achat d'une maison à Issy pour 48,000 livres, etc. etc. Les papiers sont laissés en la possession du sieur de Bort.

27. Reçu du 23 mai 1656, devant Thomas [3] et Lemoine [4], par Philbert-Élie de Pompadour, marquis de Laurière, et Catherine de Sainte-Maure, son épouse, au duc de Montausier, de 60,000 livres légués à la dame de Laurière par la dame de Brassac. Détail des payements.

28. Arrêt du Parlement du 15 juillet 1654, portant homologation de la sentence arbitrale du 6 mars 1651, par MM. de Cumont, Catinat et de Brilhac, conseillers en Parlement, et Doublet, Lhoste et Martinet, avocats, sur les contestations entre le seigneur de Montausier, héritier de la dame de

[1] Étude de Me Lavoignat. Jacques Ricordeau exerça de 1639 à 1666.
[2] Sur cet oratorien voir quelques curieux détails dans : *Le couvent des Bénédictines de la Mothe-Saint-Héray*, par Charles Sauzé.
[3] Étude de Me Galin. Etienne Thomas exerça de 1653 à 1674.
[4] Étude de Me Félix Morel-Darleux. Philippe Le Moine, de 1640 à 1676.

Brassac, donataire de son mari, d'une part, et Alexandre de Gallard de Béarn, comte de Brassac, héritier de Louis Gallard, seigneur de Sémoussac, qui était héritier du défunt seigneur de Brassac.

La communauté des époux de Brassac est fixée| à 331,326 livres et les héritiers devront payer à M. de Montausier en trois ans 365,663 livres.

29. Vente devant Le Sémelier [1], du 16 mars 1658, par les seigneur et dame de Montausier, à François de Roye de La Rochefoucault, comte de Roucy de la maison de la Barre à Issy-lès-Paris, de l'héritage de Mme de Brassac en échange de 3,333 livres 6 sols 8 deniers de rente au principal de 60,000 livres sur plus grande rente constituée à feu la contesse de Roucy, son épouse, lors de son mariage, par sa mère Elisabeth de Nassau, princesse d'Orange, veuve de Messire Henri de la Tour, duc de Bouillon. Trois pièces annexes.

30. Vente devant Le Semelier et Lecat [2], le 31 mars 1658, par le duc de Montausier, à François Barbareau, de 666 livres 13 sols 4 deniers de rente à prendre sur celle cédée par le comte de Roye, moyennant 12,000 livres. Le 13 juillet 1658, devant Lecat et Cartier, le duc de Montausier prend sur cette somme 8,769 livres 19 sols qu'il devait payer aux héritiers de Labarre par sentence du Châtelet du 26 juin 1650. La quitance est signée par Nicolas et Paul de Labarre, écuyers, dame Philippes de Labarre, épouse de François de Vilmont, dame Claude de Labarre, épouse de François de Bourgon, et Gilles de Ruellan, curateur de Christophe de Netz, fils de Charles de Netz, maître des requêtes, et de Catherine de Labarre, héritiers de Claude de Labarre, écuyer, et de Claude Martin, sa veuve.

31. Quitance du 3 mai 1662 de Christophe de Netz.

[1] Étude de M* Duplan. Jean Le Semelier exerça de 1634 à 1672.
[2] Étude de M* Gatine. Philippe Lecat exerça de 1628 à 1672.

32. Transaction du 28 août 1665 entre M. de Montausier et Claude de la Barre, veuve du sieur de Bourgon.

33. Déclaration devant Bonichon, notaire royal à la Rochebeaucourt, le 4 juin 1658, par Alexandre de Gallard, comte de Brassac et de la Rochebeaucourt, qu'il ne prétend aucun droit en la rente due aux héritiers du comte de Brassac selon le contrat du 23 mars 1643.

34. Quitance, le 25 mai 1670, de Philbert Chavanon, avocat et conseiller du roi, à M. de Montausier, de 8,000 livres pour rachat de 250 livres de rente constituée originairement par dame Claude Martin, veuve du sieur de la Barre et passée en diverses mains.

35. Le 2 novembre 1665, devant Hubault et Chuppin, les seigneur et dame de Montausier ayant constitué à Guillaume Bernard, seigneur de Forax, une rente de 1,000 livres moyennant 20,000 livres et cette somme ayant été reçue par les seigneur et dame de Crussol, ceux-ci les autorisent à retenir cette rente et le principal sur les 400,000 livres à eux promis.

36. Vente devant Claude Trouvé [1] et Nicolas Prive [2], le 23 juin 1594, par Michel Sublet et Jacques Vallée, sieur des Tavreaux, commissaires députés par Sa Majesté pour la vente de son domaine ès généralités de Poitou, Limoges et Aunis, à messire Jean de Vivonne [3], marquis de Pisany, chevalier des ordres du roi, la châtellenie de Talmond sur la Gironde, moyennant 4,819 écus sols, 51 sols 4 deniers payés ès mains d'Etienne Regnault, trésorier de l'extraordinaire des guerres.

37. Le 17 mars 1665, devant Le Normand [4] et Chuppin, Claude Séguin, premier médecin de la Reyne, mère du Roy, consent à réduire la rente de 725 livres à lui constituée par

---

[1] Étude de Me Agnelet. Claude Trouvé exerça de 1566 à 1603.

[2] Étude de Me Ragot. Nicolas Privé, de 1580 à 1604.

[3] Jean de Vivonne était alors ambassadeur à Rome. Le 11 février 1594 il écrivait une lettre d'une grande importance historique à Henri IV. Cette lettre est analysée dans la *Revue des autographes* d'Eug. Charavay. Décembre 1893, n° 161.

[4] Étude de Me Delapalme. Jacques Le Normand exerça de 1659 à 1682.

les seigneur et dame de Montausier à 652 livres 10 sols,
rachetable de 13,050 livres.

38. 21 mars 1665, Louis Billaud consent que la rente de
1,111 livres 2 sols 2 deniers constituée pour 20,000 livres au
denier 18 par les seigneur et dame de Montausier, le 26 septembre 1661, soit réduite à 1,000 livres au denier 20. En
marge : le 29 décembre 1665 consentit à la réduction au
denier 22, soit 909 livres 1 sol 9 deniers.

39. Quitance le 16 juin 1671, par François Picart, officier
de la Royne, et Marie Legras, sa femme, de 1,000 livres promises à ladite Legras par M. et Mme de Rambouillet, et
d'autres 1,000 livres promises par M. et Mme de Montausier.
Sans préjudice de 2,000 livres aussi promises audit Picart
dont les intérêts étaient payés jusqu'au 1er janvier 1670, et
sans préjudice de la pension viagère de 400 livres léguée à
ladite Legras par la défunte dame de Rambouillet.

40. Transaction devant Léon Pompée Dumont [1], l'un des
commis établis par justice à l'exercice du tabellionné du marquisat de Rambouillet, le 26 octobre 1668, entre Gaspard
Gourdon, conseiller du roi au présidial de Chartres, héritier
de Gaspard Gourdon, son père, d'une part, et Moyse de Ber-
thenet, écuyer, sieur de Beaulieu, procureur du duc de Montausier et dudit Chuppin, tuteur des demoiselles de Grignan,
d'autre part. Pour une ancienne rente constituée par Nicolas
d'Angennes et Julienne d'Arquenay à Anne le Basteur, veuve
de Nicolas Sanson, écuyer, sieur d'Orglande, qui l'aurait cédée
à Philippe Martin et celui-ci au défunt Gourdon aurait composé à la somme de 2,712 livres 10 sols, que le sieur de Beau-

---

[1] A sans doute eu pour parrain, Léon Pompée d'Angennes, tué à Nordlingen. Agent des affaires des dames de Hautebrauyère, il fit son testament
le 29 septembre 1703. Nomme son héritier, son frère Nicolas Dumont, chanoine de Notre-Dame du Val à Provins. Il se plaint de l'ingratitude de ses
nièces et donne cent livres, pour être enterré dans l'église de Rambouillet.
(Tabellionné de Montfort.)

[2] Étude de Me Merlin. Noël Le Maistre, successeur de Charles de Saint-
Waast, exerça de 1667 à 1687.

licu aurait consenti être payée par les fermiers du duc de Montausier, avec recours pour la moitié contre lesdites demoiselles. Vingt-quatre pièces annexes.

41. Vente, devant Le Maistre[2] et de Troyes[1], le 28 avril 1669, par Marguerite Bouer, veuve d'Eustache de la Salle, correcteur des comptes; Françoise Bouer, épouse de Gilbert de Voisins, conseiller au Parlement; Angélique Bouer, épouse de M. Millet, sous-gouverneur du Dauphin; Anne Bouer, épouse de Philbert Guillemin, sieur de Nully, maître des comptes; et Elisabeth Bouer, épouse de M. Duvaud, conseiller en Parlement; et Henri de Senlis, ayant charge de Jacques Braiot, tuteur d'Elisabeth de Loynes, héritière de Guillaume Languet, son ayeul; et Suzanne Brachet, veuve de François Catelan, secrétaire du Conseil;

Vendent au duc de Montausier une grande maison à Saint-Germain-en-Laye, rue du Pont-aux-Jurés, pour 16,000 livres payées comptant, que les vendeurs ont remis à Mᵉ Nicolas Cagnié, curé de Saint-Germain-en-Laye et Laurent Cagnié, clerc d'office de la maison du roi, pour rachat d'une rente de 800 livres pour laquelle ladite maison aurait été bâillée aux sieurs Bouer, Lecamus et Catelan. Pour payer, M. de Montausier emprunte 10,800 livres à Louis de Bernin, sieur de Valentiné, contrôleur général de la maison du roi.

42. Quittance du 8 mars 1658, devant Gigault[2] et de Beauvais, de Philibert Foucher, sieur de la Rantière, ayant droit de Jean de Besson, écuyer, sieur de Lacoste, à M. de Montausier, de 5,311 livres pour une obligation passée par lui devant Morel et de Beaufort, le 16 juin 1645, au profit de Charles de Besson, frère dudit sieur de Lacoste.

43. Obligation pour la même somme par M. de Montausier à André de Besson, écuyer, sieur de la Durandie. Le 2 mars 1671, M. de Montausier se libère avec les héritiers Besson.

---

[1] Étude de Mᵉ Cousin. Claude de Troyes, de 1668 à 1683.

[2] Étude de Mᵉ Rey. Pierre Gigault, de 1658 à 1773.

44. Cession devant Ferret[1] et Rillast[2], le 19 juillet 1664, par François Gaspard de Montmorin, de Saint-Hérem pour lui, ses frères, Jean de Montmorin et François-Charles de Montmorin, sieur de Châteauneuf, comme héritiers de Philippe de Castille, seigneur de Chenoise, leur ayeul, par représentation de Catherine de Castille, leur mère, à M. de Montausier, de 43,106 livres sur les héritiers de François de Jussac, seigneur de Saint-Preuil, Gaspard Joumard de Chabannes, et Henriette de Jussac, son épouse, pour une rente de 1,000 livres constituée par eux à Nicolas Servient, seigneur de Montigny, le 12 avril 1633, pour pareille somme.

45. Le 20 août 1664 devant Vassets[3] et Bourret[4], M. de Montausier emprunte 31,000 livres à Philippe de Benac, duc de Navailles et à Suzanne de Baudéan, son épouse. moyennant une rente de 1,550 livres.

46. Le 4 mai 1671, Henri de Sainte-Maure, prêtre de l'Oratoire de Jésus, reconnaît que le duc de Montausier a payé jusqu'à ce jour la pension viagère de 900 livres que lui avait léguée la comtesse de Brassac et qu'il avait cédée à son frère Claude lors de son mariage.

47. Trois reçus par le duc de Montausier à la même date au marquis de Sainte-Maure et au père de Sainte-Maure des sommes dues pour la succession du sieur de Saint-Preuil.

48. Obligation de 20,000 livres, du 6 novembre 1634, par Jean de Lazanière, sieur de Puy-Charmault, au nom de Jacques Stuart de Caussade[5], chevalier de la Vauguyon, seigneur de Saint-Mégrin au profit de Hector de Sainte-Maure, marquis de Montausier[6].

Le 28 novembre 1651, sentence de la sénéchaussée de

---

[1] Étude de Mᵉ Gamard. J.-B. Ferret, de 1650 à 1669.

[2] Étude de Mᵉ Robineau. Jacques Rilliart, de 1669 à 1673.

[3] Étude de Mᵉ Laverne. Pierre Vassetz, de 1649 à 1667.

[4] Étude de Mᵉ Olagnier. Pierre Bouret, de 1645 à 1685.

[5] Lieutenant général des armées, décédé le 1ᵉʳ août 1671.

[6] Fils de Léon, baron de Montausier, et de Marguerite de Chateaubriant, mourut à l'armée en juillet 1633, âgé de vingt-sept ans.

Saint-Mégrin, condamnant le seigneur de la Vauguyon au payement de cette somme.

49. Le 22 février 1653, devant Le Franc et de Bierne [5], Jacques Stuart, comte de la Vauguyon, marquis de Saint-Mégrin, reconnaît devoir au duc de Montausier 5,660 livres en outre des 20,000 livres.

50. Le 2 février 1668, les seigneur et dame de Montausier empruntent 8,000 livres à Nicolas de Trohard, sieur des Fontaines, remboursés le 2 juillet 1670.

51. Le 27 mars 1657 les mêmes remboursent 18,000 livres à Charles de Brancas et Suzanne Garnier, son épouse, pour 1,000 livres de rente constituée le 9 janvier 1656, au moyen d'un emprunt de 20,000 livres à la dame Aragonez.

52. Le 30 décembre 1665, remboursement de l'emprunt de 20,000 livres à la dame Aragonez.

53. Le 23 mars 1658, le duc de Montausier rembourse à Alexandre César et Louis de Baudéan, ayant droit par transport de Catherine de Pardaillan d'Armaignac, veuve de Henri de Baudéan, comte de Parabère, 30,800 livres pour deux obligations faites au profit du comte de Parabère par Marguerite de Châteaubriant, veuve de Léon de Sainte-Maure, marquis de Montausier. Pour faire ce remboursement M. de Montausier emprunte 9,000 à Jacques Esprit, 9,000 à Marie Amelot, épouse de Charles de Béon du Massets, et 12,000 livres à Jean de Chavaroche, écuyer.

54. Devant de Bierne et Plastrier [1], 16 mars 1658, emprunt de 9,000 livres au sieur Esprit pour 500 livres de rente. Rachat, le 27 juin 1659, au moyen d'un emprunt à Noël Boulard, comte de Rouvre.

55. Emprunt, devant de Bierne et Noel de Beauvais [2], le 14 mars 1658, à Marie Amelot, marquise de Boutteville, épouse de Charles de Béon du Massets de Luxembourg, de même

---

[1] Étude de Me Garanger. Jean de Bierne, de 1648 à 1663.

[2] Étude de Me Masson. Jacques Plastrier, de 1646 à 1688.

[3] Étude de Me Aron. Noël de Beauvais, probablement fils de Michel, exerça de 1658 à 1705.

somme, remboursée devant de Turmenyes [1] et de Beauvais le 9 juin 1662.

56. Constitution devant Gallois [2] et Le Caron [3], le 2 octobre 1660, par le duc de Montausier, de 1,000 livres de rente au profit de Henri de la Ferté Senneterre, maréchal de France, pour 18,000 livres. Rachat du 12 juin 1672.

57. Constitution, le 4 octobre 1655, par les seigneur et dames de Montausier et le sieur de Bort, à Pierre de Mandat, conseiller au grand Conseil, de 1,000 livres de rente, pour 18,000 livres employées à pourfaire les 44,000 livres léguées par Mme de Brassac à Gui de Sainte-Maure, seigneur de Fougeré. Rachat du 9 juin 1662.

58. Constitution, le 6 mai 1645, par la dame de Brassac, Marguerite de Châteaubriant, le seigneur de Montausier, et Guillaume de Bourdeaux, secrétaire de Conseil, à Marie de la Grange, veuve de Henri de Sourcy, président des comptes, de 1,000 livres de rente. Du même jour promesse d'indemnité pour cet acte par les dames de Brassac et de Montausier et le seigneur de Montausier au sieur de Bourdeaux, et autre promesse d'indemnité par la dame de Montausier et son fils à la dame de Brassac. Rachat de cette rente, le 30 septembre 1653, au moyen d'un emprunt fait le 25 à Jacques Danès, évêque de Toulon.

59. 22 avril 1669, compte des arrérages de la rente de 700 livres constituée par les seigneur et dame de Montausier, le 17 mai 1656, à Nicolas Lambert, seigneur de Thorigny, maître des comptes.

60. Devant Mouffle [4] et Chuppin, le 28 novembre 1664, les seigneurs et dames de Montausier et de Grignan transportent à Jacques Oudinot, bourgeois de Paris, leurs droits sur les héritiers de François de Vignerot, seigneur de Pont de Courlay, et Françoise de Guémaduc, son épouse, qui appartenaient

1 Étude de M° Meignen. François de Turmeneys, de 1632 à 1664.
2 Étude de M° Blanchet. Gallois Philippe, de 1636 à 1687.
3 Étude de M° Mahot Delaquerantonnais. Jean Le Caron, de 1536 à 1666.
4 A cette époque, il y avait trois notaires de ce nom.

audites dames à cause de Catherine du Bouchet, mère de dame Lancelotte de Hauteville, pour 42,000 livres.

61. Le 22 février 1670, à Saint-Germain-en-Laye, le duc de Montausier reconnaît que le sieur Lambert, intendant de ses affaires, lui a payé 10,686 livres restées dues sur son compte de 1669, et le tient quitte de ce compte.

62. Le 22 février 1670, emprunt de 21,000 livres à Louis Dupré, avocat en parlement.

63. Le même jour emprunt de 8,400 livres à Nicolas Hardy, bourgeois de Paris.

64. 12 juillet 1666, emprunt de 12,000 livres à Samuel Boucher, avocat en Parlement.

65. 15 juillet 1668, emprunt de 5,250 livres à Toussaint Bacquet.

66. Devis pour la construction d'un hôtel à Versailles, et marché fait au duc de Montausier par Isidore Chatelain, maçon à Paris, moyennant 35,000 livres, dont 6,000 ont été payées comptant, devant de Louvain [1] et Chuppin, le 18 août 1670.

67. Quatre quitances signées Chatelain de 4,000 livres chacune, du 10 avril, 29 juin et 15 août 1671. Autre du 17 mars 1671 de 1,500 livres pour dédommagement audit Chatelain de quelques travaux faits sur la place originairement donnée par le roi, et du changement de situation dudit hôtel.

68. Marché devant de Louvain et Chuppin, le 9 décembre 1671, avec Denis Guillier, maître menuisier à Paris, pour les ouvrages déclarés à faire au château de Rambouillet, pour des prix payables en la manière y stipulée. Le duc de Montausier déclare qu'il est dû 1,500 livres audit Guillier pour les ouvrages faits au-delà de ce qu'il a ci-devant reçu.

Plus a déclaré que depuis son mariage il a non seulement fait faire dans le château du marquisat de Rambouillet et ses dépendances diverses augmentations de bâtimens, accomode-

[1] Étude de Me Pérard. Abel de Louvain, de 1667 à 1671.

mens et améliorations, mais encore qu'il a fait acquisitions
de plusieurs morceaux d'héritages dans ledit Rambouillet et
environs ; par le moyen desquelles choses le revenu annuel
de ladite terre est augmenté. Et à l'égard des contrats desdites acquisitions, du prix desquelles il peut-être dû encore
quelque chose, déclare ne les avoir présentement en cette
ville, non plus que les marchés, mémoires et quittances des
ouvrages dudit château, et qu'il les fera employer au présent
inventaire si besoin est en temps et lieu.

69. Devis de maçonnerie, charpenterie et couverture que
messire Charles d'Angennes, marquis de Rambouillet a fait
faire dans son hôtel, rue Saint-Thomas-du-Louvre pour la
construction de quelques nouveaux bâtimens et accomode-
ment des autres par devant Morel[1] et de Briquet [2], le
19 mai 1618, par Adam et Théodore Lefebure, maître maçon
et charpentier à Paris, moyennant la somme de 19,000 livres
payables en la manière contenue au marché, en fin duquel
est la quittance.

Autre marché devant Tolleron[3] et Vigron[4], le 28 juin 1619[5],
avec Jacques Coignard, entrepreneur de bâtimens, attendu
que ledit Lefébure aurait discontinué de travailler audits
ouvrages ; et un autre marché du 9 août, portant augmentation de 1,400 livres et la valeur des démolitions, moyennant
16,000 livres et 6,000 livres aux temps y portés. Quitance des
22,000 livres aux sieurs Gourdon et Dupuis, secrétaire dudit
seigneur marquis de Rambouillet.

Liasses de quittances pour plusieurs autres ouvrages faits
par ledit Gordon par-dessus le marché, et d'autres massons,
serruriers, sculpteurs, peintres, vitriers, fondeurs et autres.

70. Sept pièces sur l'ancienne affaire de Rome contre

[1] Étude de M⁰ Labouret. Jacques Morel, de 1605 à 1652.
[2] Étude de M⁰ Chevillard. Pierre de Bricquet, de 1575 à 1625.
[3] Étude de M⁰ Marc. Étienne Tolleron, 1615-1640.
[4] Étude de M⁰ Ragot. Le minutier le nomme Antoine Vigeon, 1618-1640.
[5] Ces dates sont importantes pour la construction de l'hôtel de Rambouillet dont nous parlons dans notre IX⁰ volume, page 289.

Jean-Baptiste Strozzi. 1º Acte devant Pierre Cressé[1] et Jean Charles, le 23 mai 1631[2], du dépôt audit Charles des contrats passés devant Jean de Lamarque, notaire suivant la cour, le 22 février 1560, de Robert et Philippe Strozzi portant substitution réciproque de tous leurs biens. Ledit dépôt fait selon sentence du Châtelet, le 16 mai 1631, entre Anne Le Veneur, veuve de François, comte de Fiesque et Charles d'Angennes, marquis de Rambouillet, et Catherine de Vivonne Savelli, son épouse, transcrite dans ledit acte. 2º et 3º Extraits signés Du Tillet de l'article 84 de l'ordonnance de Charles IX de janvier 1560, et de l'article 29 de l'ordonnance de janvier 1563, sur la manière de signer les contrats et sur le commencement de l'année au mois de janvier. 4º Jugement du Châtelet du 20 mars 1633 déclarant valables lesdits contrats. 5º Lettres patentes du roi du 16 avril 1633, confirmant ce jugement pour le marquis de Rambouillet et le comte de Fiesque. 6º Enregistrement de ces lettres le 19 août 1633. 7º Requête au Parlement par le seigneur de Rambouillet et Charles Léon de Fiesque[3] tendant à ce que cet arrêt fût corrigé de quelques erreurs de date. Au bas, arrêt conforme de la Cour du 31 mars 1635.

71. Lettres patentes à Fontainebleau, 16 mai 1634, et enregistrement. Arrêt de la Cour entre dame Catherine de Sainte-Maure et autres, du 4 août 1598, pour raison de la substitution y mentionnée et autres pièces au nombre de cinq.

72. Un gros sac sur l'étiquette duquel est écrit : Procédure, actes concernant l'affaire de Rome contre messire Jean-Baptiste Strozzi, consultations à Paris et à Rome, procurations. Procédures à la rote de Rome, par MM. de Rambouillet,

[1] Étude de Mᵉ Garanger ou étude de Mᵉ Delafond, deux Pierre Cressé exerçant à cette époque.
[2] Étude de Mᵉ Tollu. Jean Charles, de 1630 à 1635.
[3] Petit-fils de Scipion, comte de Castellan et d'Alphonsine Strozzi, et fils de François, comte de Lavagne et de Bressuire, et de Anne Le Veneur, épouse, en 1643, Gilone d'Harcourt, veuve de Louis de Bouilly, marquis de Piennes et fille de Jacques, marquis de Beuvron.

Frangipani et de Fiesque pour l'exécution de la substitution
contenue au contrat d'entre Robert et Philippe Strozzi, du
22 février 1560. La dernière pièce est consultation du Parlement de Paris, signée des Siaizes, de Goncour, Auzannet,
Ragueneau, Caillard, Billain et Ricard, d'octobre 1670 et
15 avril 1671, par laquelle il appert que Catherine de Vivonne, mère de la duchesse de Montnuzier, était fille de Julie
Savelli, fille de Clarisse Strozzi, sœur de Léon Strozzi, décédé
en 1632, et avec Julie et Alphonsine Strozzi, enfans de Robert Strozzi qui a fait, avec Philippe Strozzi, la dite substitution en 1560.

Le duc de Montausier déclare qu'il lui est dû, par Son
Altesse Sérénissime le duc de Parme, trois années ou environ
de la rente de 2,000 livres, qui appartenait pour moitié à la
défunte dame de Montausier et pour moitié aux demoiselles
de Grignan; mais que ces arrérages sont destinés aux frais
communs à faire pour le procès en rote de Rome contre le
duc de Strozzi.

Plus il déclare que du mémoire des charges de la succession de Mme de Rambouillet. dans le partage inventorié sous
la cote 4, il est dû au sieur Senteron, ou ses ayants droit,
1,000 livres; aux religieuses Carmélites; 1,500 livres, au
sieur Picart, 2,000 livres; et encore quelques autres sommes
dont on ne se souvient à présent.

Plus que les 5,183 livres 3 sols 10 deniers, pour lui et ladite
défunte solidairement constitués aux demoiselles de Grignan,
sont entièrement dues, ainsi que les arrérages de la rente constituée à leur profit par le contrat inventorié 8, et les loyers
de l'hôtel de Rambouillet depuis le bail inventorié 11, sur
lesquels a été payé 2,300 livres et 3,000 livres. Il convient aussi
de déduire sur lesdits arrérages la moitié des pensions viagères dont la succession est chargée.

Plus que des 400 livres de rente dus au Collège du Mans,
il est dû 800 livres. Plus qu'il est dû 5,000 livres aux seigneur
et dame de Crussol sur les 20,000 à leur payer annuellement.

Plus environ une année et demie de la rente de 652 livres 10 sols au sieur Séguin, plus dix mois d'arrérages de la rente de 909 livres au sieur Billaud ; plus deux ans et demi d'arrérages de la rente de 1,500 livres au duc de Navailles ; plus 3,500 livres environ à M. Lambert, maître des comptes ; plus au sieur Dugué neuf mois d'intérêts de 21,000 livres ; plus au sieur Bauchamp 900 livres ou environ pour intérêts de 12,000 livres ; plus au sieur Hardy neuf mois d'intérêts de 8,400 livres ; plus à la veuve Toussaint Bucquet, six mois d'intérêts de 5,250 livres ; plus à M. Brulard de Rouvre 500 livres de rente dont il est dû une année et demie.

Plus à M. Dugué une année de la rente de 500 livres ; plus à M. de Chillac 10,000 livres de principal avec plusieurs années d'arrérages ; plus à M. Danvoille, héritier de M. Danès, évêque de Toulon, deux années de 750 livres de rente ; plus à la veuve de Mᵉ Pierre de Beaufort, 60 livres pour une année d'intérêts de 1,200 livres.

Plus à M. Foucher environ 8,500 livres tant en principal qu'intérêt ; plus à Mˡˡᵉ de la Motte d'Arguicourt, 1,000 livres de rente ; et aux religieuses Sainte-Marie de Chaillot, 1,000 livres de rente, desquelles rentes est due une année.

Plus qu'il est dû à M. de Labarre 1,717 livres 14 sols 5 deniers de rente pour deux tiers de plus grande rente due par la succession de Mᵐᵉ de Brassac, dont il est dû plusieurs années d'arrérages. Et pour l'autre tiers a été compensé avec Mᵐᵉ de Bourgon pour contrat inventorié cote 32.

Plus il est dû à M. de Fougeré 40,000 livres ou environ.

Plus à M. Michel Millet, procureur au Parlement, plusieurs frais de procès ; entre autres celui contre Jean Berraud, sieur des Essarts et ses enfants, qui n'est pas encore terminé.

Plus que l'ancien procès contre le sieur de Maix de Montigny n'est pas encore terminé.

Plus qu'il y a procès avec les gouverneurs de l'Hôtel-Dieu de Paris, légataires du sieur de Bort, qui ont de grandes prétentions et même ont obtenu arrêt de la Cour portant condamnation de 59,400 livres, contre lequel ledit seigneur s'est pourvu.

Plus a déclaré que doit la dépense de son bâtiment d'un hôtel à Versailles, sans déduction des quittances inventoriées sous la cote 67.

Plus qu'il est dû à plusieurs marchands pour la dépense de bouche desdits seigneur et dame de Montauzier environ 80,000 livres.

Plus qu'il est dû l'année courante des gages de tous les domestiques et les frais funéraires de la duchesse de Montauzier.

Comme aussi a déclaré que de ses appointements de gouverneur de Xaintonge et Angoumois, il lui sera dû, le 31 décembre 1671, 9,400 livres de ses appointements de lieutenant de roi en Alsace, 12,000 livres de ses appointements de commandant en Normandie, 60,000 livres de ses appointements de gouverneur de Mgr le Dauphin, 48,000 livres des appointements de dame d'honneur de la défunte, reste environ 2,000 livres. Des revenus de Montauzier lui sera dû audit jour 9,000 livres, des revenus de Pugny 9,000 livres. Des revenus de Salles il n'en est dû que depuis le 1er octobre ; des revenus de Rambouillet environ 4,050 livres ; des revenus de Berkeim, 1,000 livres ; des revenus de Pisany, 1,500 livres ; des revenus de Talmond, 1,100 livres ; des revenus du coche d'Orléans depuis le 1er juillet, 1,668 livres.

Plus déclare qu'il ne peut dire au vray quant à présent ce qui lui est dû par le comte de Brassac et les héritiers du comte de Vauguyon. Mais que Mme de Bourgon doit les intérêts de 16,104 livres dont elle est débitrice.

Protestation faite par ledit duc de Montauzier et ladite comtesse de Crussol que lesdites déclarations, tant passives qu'actives ne leur puissent préjudicier ni donner contre eux aucun avantage à qui que ce soit, etc.

Signé : OGIER et CHUPPIN.

V

INVENTAIRE DU CHATEAU D'ANGOULÊME

Et le 9 janvier 1672 sont comparus devant lesdits notaires :
Charles de Sainte-Maure, duc de Montausier, pair de
France, etc., et Julie-Marie de Sainte-Maure, épouse du comte
de Crussol, lesquels ont déclaré, par forme d'addition audit
inventaire, que le 23 décembre 1671 et jours suivants a été
procédé à l'inventaire des meubles, livres et papiers des
châteaux d'Angoulême et de Montauzier par le sieur Houlier
lieutenant général en la sénéchaussée d'Angoulême, en
présence de MM. Guillaume Cladier et Jean de Villeneuve,
procureurs audit siège, fondés de leurs procurations spéciales.

Lesquels inventaires au nombre de quatre ont été annexés
à la minute des présentes.

En suit la teneur dudit inventaire des meubles et des
papiers estant dans le chasteau d'Angoulesme.

L'an 1671, le 21 décembre, devant nous Hélie Houlier,
escuyer, sieur de la Pouyade, et de Rouffiat, lieutenant général en la sénéchaussée d'Angoulesme, a comparu Jean de
Villeneufve, procureur audit siège, et de haute et puissante
dame Julie-Marie de Sainte-Maure, comtesse de Crussol,
épouse de haut et puissant seigneur messire Emanuel de
Crussol de Saint-Sulpice, comte de Crussol et d'Apcher,
colonel d'un régiment d'infanterie, autorisée par justice à la
poursuite de ses droits en la succession de dame Julie-
Lucine d'Angennes, sa mère, épouse de haut et puissant
seigneur messire Charles de Sainte-Maure, duc de Montausier, pair de France, etc., selon procuration passée à Paris

le 23 novembre dernier. Voulant faire procéder à l'inventaire
de tous les meubles appartenant ausdits seigneur et dame
dans le chasteau de la présente ville et dans celui de Montauzier, et faire la prisée desdites choses, etc.

A aussi comparu M⁰ Guillaume Cladier, procureur audit
siège et ayant charge dudit duc de Montausier, dit qu'il n'a
pas moyen d'empêcher qu'il ne soit procédé audit inventaire, etc.

Nous avons donné acte auxdits de Villeneufve et Cladier de
leurs réquisitoires, et ordonné qu'il sera fait inventaire des
meubles, titres et papiers appartenant auxdits seigneur et
dame dans le chasteau de cette ville et celui de Montausier.
Et pour la prisée et estimation avons nommé d'office Louis
Guitton, marchand, Jean Cazier, brodeur, Arnaud Dauvergne, orfèvre, Jean de Livernèche, maître tapissier, et
Mathieu Pellard, marchand libraire de la présente ville,
lesquels ont fait serment, etc.

Ledit jour, une heure de relevée, nous nous sommes transportés au château de cette ville avec Guillaume Dauvergne,
commis du greffier, lesdits Cladier et de Villeneufve et lesdits experts, et dans une chambre haute en laquelle le seigneur duc de Montausier avait coutume de faire sa demeure,
Jeanne Sinot, veuve de Guillaume d'Orbe, a dit avoir été pré-
posée par lesdits seigneur et dame à la garde des meubles et
nous a présenté les clefs des chambres, coffres et armoires.

1. Avons fait ouverture d'un coffre dans lequel avons trouvé
une chapelle de vermeil : calice, patène, croix, bassin, deux
burettes, deux chandeliers, boëte à hosties, bénitier, clo-
chette, cuvette et esguière ; pesant le tout 26 marcs 5 onces
à 28 livres le marc. . . . . 760 livres.

2. Dans la garde robe avons trouvé une tapisserie des travaux d'Hercule, en huit pièces. . . . . 3,000 livres.

3. Une tapisserie de paysage en 8 pièces. . . 500 livres.

4. Une vieille tapisserie de haute lisse à grands personnages, en 8 pièces, dont quatre sont rompues. . 300 livres.

5. Huit pièces de tapisseries de feuillages . . . 350 livres.

6. Neuf pièces de tapisseries de feuillages . . . 350 livres.

7. Onze pièces de l'histoire de David . . . . . 600 livres.

8. Tapisserie à grands personnages en huit pièces, fort vieille et gâtée. . . . . 150 livres.

9. Cinq pièces de tapisserie de Bergame. . . . 30 livres.

10. Dix pièces de Bergame vieille. . . . . . . 20 livres.

11. Quatre pièces de taffetas rayé pour la chapelle, deux pièces pour le prie-Dieu et tapis pour la marche de l'autel. . . . . 150 livres.

12. Un vieux lit de velours cramoisi chamarré de galons d'or et d'argent, trois rideaux, etc. La courtepointe de satin fort gâtée par les teignes ; le tapis de table, six housses de fauteuils, six de sièges ployans de taffetas à fleurs de diverses couleurs ; six vieilles housses, trois carreaux de velours rouge dont un chamarré de galons d'or, etc. . . 1,000 livres.

13. Trois pièces de ligature rayée, cinq sièges ployans, un tapis de table de même ; un rideau de taffetas blanc que l'on met devant une fenêtre ; le tout servant au cabinet vitré de ladite chambre. . . . . 20 livres.

14. Un lit de taffetas jaune en housse, deux fauteuils, dix sièges ployans, cinq carreaux, sept pièces de tapisserie de pareil taffetas, et un lit de repos semblable. . . . 150 livres.

15. Un lit violet en broderie de tapisserie doublé de taffetas rouge, courtepointe, deux fauteuils et tapis de table semblable. . . . . 500 livres.

16. Un lit d'écarlate en housse . . . . 120 livres.

17. Autre lit semblable. . . . . 120 livres.

18. Deux vieux lits de serge de Beauvais en broderie de tapisserie doublés de taffetas bleu. . . . . 200 livres.

19. Un vieux lit d'écarlate brodé de velours noir ; trois rideaux garnis de passements jaune et noir . . . . 120 livres.

20. Un lit de serge de Beauvais violet brodé de tapisserie, doublé de taffetas vert. . . . . 120 livres.

21. Lit de velours cizelé, rideaux de taffetas rouge. 150 livres.

22. Lit de damas jaune, deux fauteuils, deux housses de tabourets de taffetas jaune ; un tapis de table de serge d'Aumale, etc. . . . . 120 livres.

23. Vieux lits de serge de Vinestre vert brun avec des bandes de tapisserie, doublé de taffetas vert. . . . 50 livres.

24. Un vieux lit d'écarlate fort usé. . . . . . . 30 livres.

25. Un lit de moquette à fleurs fort usé. . . . . 20 livres.

26. Lit de futaine à fleurs, tapis, deux chaises. 40 livres.

27. Lit blanc de reseuil. . . . . 50 livres.

28. Petit méchant lit de serge violette. . . . . 8 livres.

29. Deux vieux rideaux de taffetas vert rayé. 20 livres.

30. Trois grands tapis de Turquie fort usés. . 200 livres.

31. Trois vieux tapis de table de Turquie, fort vieux. 20 livres.

32 à 38. Vieilles chaises, tabourets, couvertures, matelas, etc. La bourre de douze matelas, dans un coin toute gâtée et coupée par les teignes, n'a été prisée.

39. Quatorze vieux lits de plumes dont les coutes ne valent rien, avec seize traversins, ensemble 655 livres de plume.
327 livres 9 sols.

40 à 53. Vieux bois de lit, fauteuils, guéridons de noyer noirci, etc.

54. Dans un coffre chasuble et parement d'autel de damas rouge chamarré de passemens d'or et d'argent, une bourse, etc.
100 livres.

55. Un autre parement de la chapelle de camelot blanc, brodé de tapisserie, chasuble de même, sept nappes et sept petits tableaux.

56 à 58. Rideaux, chaises, etc. . . . . 58 livres.

59. Trente-quatre draps de belle toile. . . . . 134 livres.

60. Seize draps de grosse toile. . . . . 56 livres.

61. Vingt-neuf serviettes de bel ouvré, dont quinze plus que mi usées et un paquet ne pouvant servir. . . . 20 livres.

62. Six casaques de gardes brodées d'argent sur du drap vert, doublées de jaune . . . . 240 livres.

63. Vingt-quatre casaques de gardes de drap vert doublé

de jaune avec des croix de satin. . . . . 480 livres.

64. Cinquante draps de toile de chanvre ou de lin. 200 livres.

65. Dix draps fort usés. . . . . 15 livres.

66. Quatre-vingt-quinze linceuls de grosse toile pour le commun. . . . . 128 livres.

67. Quinze nappes de bel ouvré. . . . . 108 vre⸗.

68 à 76. Quarante-huit nappes et deux cent quarante serviettes, dont partie mi-usées, ensemble. . . . . . 105 livres.

77. Douze pièces de toile de reparonnes de lin de Poitou, à 10 sols l'aune. . . . . 360 livres.

78. Un pot de chambre d'argent pesant 2 marcs 5 onces à 26 livres le marc. . . . . 68 livres 16 sols.

79. Vingt-six plats d'étain aux armes dudit seigneur, trente-six assiettes, etc., pesant 175 livres à 10 sols.
87 livres 10 sols.

80. Une cuvette de cuivre pesant 22 livres. 8 livres 16 sols.

81. Diverses pièces de poissonnerie servant à la cuisine, marmitte de cuivre, etc. . . . . 33 livres 4 sols.

82. Chenets de fonte, trois crémaillères, etc. 20 livres 10 sols.

83. Quinze couvertures de laine blanche fort usées
15 livres.

84. Quatre couvertures un peu meilleures . . . 23 livres.

85. Quatre paires de draps de Hollande servant au lit dudit seigneur. . . . . 100 livres.

86. Des ouvrages de tapisserie en bâtons rompus pour six chaises et six sièges ployans qui n'ont été encore employés. 50 livres.

87. Ladite Sinot nous a dit il y avoir quelques armes à feu, dans un cabinet joignant la chambre dudit seigneur. Nous avons trouvé trois fusils de trois pieds et demi de canon fort vieux et rouillés . . . . 30 livres.

88. Deux pistolets à deux coups. . . . . 50 livres.

89. Deux vieux pistolets à rouet . . . . 12 livres.

Du 23 du même mois. — Inventaire des papiers

Ces papiers, contenus dans quelques boites et dans un grand nombre de sacs remplissaient un grand bahut dans le garde-meuble. Les cotes A à H ont été données aux huit premières liasses ; les autres suivent sans numéro d'ordre et plusieurs sont indiquées comme ne renfermant que des pièces de nulle importance. La plupart de ces titres étaient du xv° et du xvi° siècle et concernaient les droits de la châtellenie de Montausier dans diverses paroisses.

Très importants pour l'Angoumois, ces papiers n'offrent aucun intérêt pour l'arrondissement de Rambouillet. Nous nous sommes décidés d'autant plus facilement à n'en donner qu'un court résumé que M. Sauzé doit les publier avec des notes topographiques et généalogiques qui doubleront leur valeur.

A. Sentence arbitrale du 7 mars 1631 entre le duc de Montausier, donataire universel de Catherine de Sainte-Maure, sa tante, veuve de Jean Gallard de Béarn, comte de Brassac, d'une part ; et Alexandre, fils aîné de Louis de Gallard, seigneur de Sommesac, héritier du seigneur de Brassac et autres. Du même jour sentence arbitrale sur la substitution prétendue par ledit sieur de Gallard dans la maison de la Rochebeaucour, des biens délaissés par le sieur de Brassac, son oncle.

B. Inventaire non daté ni signé des papiers de dame Marguerite de Châteaubriant, dame de Montausier.

Transaction du 16 novembre 1504 entre Léon de Sainte-Maure, seigneur de Montausier, et Charles de Sainte-Maure, seigneur de Chaux, pour la divise de leurs terres. Un vieux

titre en parchemin, non daté ni signé, des droits de l'abbaye
de Baigne en la terre de Montausier. Inventaire des titres
de la maison de Montausier envoyés à Paris le 15 septembre 1653.

4. Un arrêt du 23 août 1657 entre le duc de Montausier et
dame Anne Chanel, veuve de Pierre Guignaudeau, sieur de
Montigny.

5. Lettres de conseiller d'Etat du seigneur de Montausier,
du 8 mai 1645.

6. Provisions de lieutenant général en l'armée de Guyenne,
du 12 septembre 1650.

7. Dans un petit sac, hommage fourni à la Chambre des
comptes par ledit seigneur du marquisat de Pisany et des
seigneuries de Faye et La Ramade, du 24 juillet 1657.

8. Contrat de mariage de Guy de Sainte-Maure, seigneur
de Fougeré, avec Marguerite de Jussac d'Ambleville, le
6 août 1612.

9. Quittance audit seigneur le 17 novembre 1653 de
18,530 livres et 14,737 livres par Philippe Elye de Pompadour, marquis de Laurière.

10. Constitution de 1,333 livres 6 sols 8 deniers de rente,
par Hector de Sainte-Maure, au profit de Germain Guillet,
sieur de la Soudière ; amortissement par le duc de Montausier,
28 décembre 1640.

12. Procès poursuivi en 1607 par Léon de Sainte-Maure,
seigneur de Montausier, contre Jeanne de Nanzay, femme du
sieur de Feuillas.

20. Sentence des requêtes du Palais, pour Jeanne Le
Bourcier, veuve de Léon de Sainte-Maure, et son fils Léon
de Sainte-Maure, contre Regnault de Sainte-Maure, le
6 avril 1502.

21. Compte par le sieur de la Roche, curateur de François
et Guy de Sainte-Maure, à autre Guy de Sainte-Maure, seigneur de Montausier, le 30 janvier 1603.

22. Compte par la dame de Parabelle à M. Escayeux,

curateur de Charles, Léon, François, Guy et Catherine de Sainte-Maure, le 2 septembre 1593.

23. Enquête du 28 mars 1475 sur l'étendue de la terre de Montausier.

24. Même enquête en 1482, sur procès entre Jeanne Le Bourcier, veuve de Léon de Sainte-Maure, et ses fils Léon et Jacques, à l'encontre de Léon de Sainte-Maure, seigneur de Jonzac.

37. Procès en 1528 entre Jacqueline Bouton, dame d'Oulme et de la Barre Fagneuse, comme tutrice de son fils, et de Jean de Vivonne, contre Anne de Poilvoisin, dame de Montausier, sur le moulin du Luart, paroisse de Sainte-Radegonde.

47. Contrat de mariage de Catherine de Sainte-Maure, sœur du duc de Montausier avec M° Antoine de Lénoncour, chevalier, marquis de Blainville, comte de Saint-Lapize, du 18 février 1635, en la ville de Nancy, signé Simon, notaire à Nancy.

50. Transaction entre le seigneur de Montausier et Catherine de Sainte-Maure, veuve d'Antoine de Léoncourt, marquis de Bléville, du 24 mai 1640.

51. Vente par le seigneur de Montausier et Marguerite de Châteaubriant, sa mère, le 25 juin 1645, de 1,000 livres de rente à la présidente de Soucey.

52. Obligation de 1,062 livres 10 sous par le seigneur de Montausier à Raimond de Lagearde, escuier, sieur de Fonvalle, du 1ᵉʳ juin 1635. Au dos, quittance du 10 mai 1643.

53. Diverses quittances de 1645 et 1649 du payement de la garnison d'Angoulême, tant audit sieur de Fauvelle qu'à la Bigotière.

54. Commission audit seigneur de mestre de camp du régiment du feu seigneur de Montausier, son frère, vacant par sa mort, en date du 31 août 1635.

55. Brevet de 2,000 livres de pension audit seigneur, du 31 janvier 1630, registré à la Chambre des comptes, le 10 mars 1631.

. Lesdits meubles et papiers sont demeurés à la garde de ladite Sinot du consentement des procureurs des parties, laquelle a fermé la porte du garde-meuble, des cabinets et de tous les coffres, et a fait serment, etc.

Ledit Pellard, marchand libraire, a visité en notre présence les livres étant dans le cabinet proche la chambre dudit seigneur, ensemble ceux dans le cabinet joignant le garde-meuble ; en a fait un catalogue contenant la quantité, qualité et valeur, lequel avons joint au présent inventaire pour la somme de . . . . 1,303 livres.

La clef dudit cabinet a été remise à la dite Sinot, etc., signé : Jeanne Sinot, Houllier, lieutenant général, Pellard, de Villeneufve, Cladier et Dauvergne, commis du greffier.

Livres in-folio

1. Une bible en hébreu, caldéen, grec, latin, imprimée à Anvers, en cinq tomes ; plus trois tomes de l'interprétation de la Bible. Anvers, 1572 . . . . 80 livres.

2. Bible latine imprimée à Paris par Robert Estienne, 1532, frippée . . . . 8 livres.

3. Bible en lettre gothique. Cologne, 1341 . . . 4 livres.

5. Bible en grec. Bâle, 1545. . . . . 10 livres.

[1] Nous avons publié dans l'*Intermédiaire de l'Ouest*, mars et avril 1893, l'inventaire de cette bibliothèque, en l'accompagnant d'une introduction. Nous nous contenterons de citer un certain nombre d'ouvrages pour donner une idée de cette savante réunion de livres, la plupart frippés par un long service.

6. Bible de Louvain. Paris, 1638 . . . .   10 livres.

8. Bible en hébreu . . . .   6 livres.

9. Bible de Jean Diodati. Genève, 1647.

10. Bible de Théodore de Bèze, 1589.

12. Les canons des Conciles. Paris, 1561.

15. Le Concile de Florence en grec.

16. Le Concile d'Éphèse en grec.

17. Saint Jérome en quatre tomes. Rome, 1572.   20 livres.

18. Saint Augustin en dix volumes. Rome, 1529.   60 livres.

20. Saint Jean Damascène. Paris, 1512 . . . . .   5 livres.

26. Saint Athanase. Lyon, 1532. . . . .   5 livres 10 sols.

27. La vie de saint Picus de La Mirandolle [1], en latin, fort
frippée . . . .   20 sols.

28. etc. Œuvres de saint Clément d'Alexandrie, de saint
Épiphane, en grec et en latin, d'Origène ; Eusèbe en grec et
en latin, Paris, 1571 ; de saint Basile, de saint Cyprien, etc.

35. Le Théâtre du Monde ou nouvel Atlas de Guillaume et
Jean Bléau. Amsterdam, sept volumes. . . . . .   400 livres.

37. L'Architecture de Vitruve. Paris, 1547, frippé.   40 sols.

38. Les œuvres de Salluste du Bastas. Paris, 1634.   50 sols.

39. Chronique de Froissart. Paris, 1574. . . . .   3 livres.

45. Chronique de Monstrelet. Paris, 1596 . . . .   6 livres.

47. Histoire de Florence, par Paul Emile. Paris, 1596.
                                                    3 livres.

49. Histoire de l'Église, par Godeau. Paris, 1633.   4 livres.

52. Lettres du cardinal d'Ossat. Paris, 1624 . . .   40 sols.

57. Description des Indes occidentales, par Antoine de
Revera. Amsterdam, 1622. . . . .   15 sols.

60. Œuvres de Tacite. . . . .   20 sols.

64. Mathéole sur Diascoride. Lyon, 1572 . . . .   4 livres.

67. Histoire de France, par Glaber et autres. Francfort, 1596.
                                                    20 sols.

---

[1] Pic de la Mirandole, mort en 1494, savant fort extraordinaire, n'a jamais
été regardé comme saint.

69. Histoire de Bretagne, par d'Argentré. Paris, 1588.
6 livres.

74. Les Mémoires de Martin Du Bellay. Paris, 1571. 40 sols.

77. De la Nature des Oiseaux, par Pierre Belon. Paris, 1555.
10 sols.

87. L'Italie, illustrée par divers auteurs.

88. etc. Histoire des Turcs, des Allemands, des Moscovites, etc.

95. Calpin en huit langues, 1609. . . . . 5 livres.

96. Vie du duc d'Épernon. Paris, 1655. . . . . . 40 sols.

100. Coutume d'Angoulême, par Vigier . . . . . 5 livres.

102. Anatomie, par J. Valverde. Rome, 1559 . . 20 sols.

Œuvres d'Aristote, Denis d'Halicarnasse, Sénèque ; Démosthène, en grec, Platon, Socrate, Xénophon, Plutarque, etc.

132. Les Proverbes d'Erasme. Paris, 1579. . . . 4 livres.

141. Les Jeux et Triomphes des Romains, par Onufre Passinius, avec les planches en taille-douce . . . . . . 5 livres.

Nombreux ouvrages grecs.

167. Les Hiéroglyphes des Égyptiens, par Jean Pierius. Bâle, 1567.

172. Poids et mesures des Anciens, par G. Agricola. Bâle, 1550. Virgile, Lucain, Juvénal.

186. La Navigation des Hollandais.

190. L'Architecture de Sébastien Serlio, mise en français par Jean Martin. Paris, 1557 . . . . 20 sols.

191. Architecture de Cattaneo de Sienne, en italien. 20 sols.

195. Polygraphie universelle et cabalistique de Trithème. Paris, 1551.

202. Décrétales de Grégoire IX, trois vol. Anvers, 1573.
8 livres.

204. Cinq volumes du Digeste . . . . 10 livres.

212. Les Costumes de France, par Dumoulin. Paris, 1581.
6 livres.

218. Les Controverses de Bellarmin. Paris, 1620. 8 livres.

219. Œuvres du cardinal d'Ossat. Bâle . . . . . 6 livres.

Livres in-quarto

220. etc. Plaute, Virgile, César, Sénèque, Cicéron, etc.

233. Discours philosophique de Pontus de Thiard.

234. Mythologie des Dieux.

Livres in-octavo

237. etc. Sénèque, Martial, Juvénal, Horace, Virgile, Quinte-Curce, Florus, Salluste, etc.

Livres in-douze

253 à 261. Neuf volumes d'auteurs latins.

Plus 50 in-folio et 340 volumes moindres qui n'ont été inventoriés vu leur peu de valeur, ensemble . . . 30 livres.

Le tout ensemble . . . . 1,363 livres.

VI

INVENTAIRE DU CHATEAU DE MONTAUSIER

Le 27 dudit mois et an, nous Houlier, lieutenant général en la sénéchaussée et siège présidial d'Angoumois, requérant Me Jean de Villeneuve, procureur audit siège, et de haute et puissante dame Julie-Marie de Sainte-Maure, comtesse de Crussol, etc..., lui avons accordé et à l'instant monté à cheval avec Guillaume Dauvergne, commis de notre greffier, et ledit de Villeneufve, nous sommes transportés au bourg de Montausier distant d'Angoulême de 9 grandes lieues et pris pour logis la maison de Jean Bricaut, hostelier, où pend pour enseigne l'image du Soleil.

Et le lendemain sont comparus lesdits de Villeneufve et Cladier, etc. Et avons nommé d'office pour la prisée des meubles Jean Charbonnier et Pierre Guillou, marchands à Montausier, et pour celle des livres Mathieu Pellard, libraire, à Angoulême, etc.

Ce fait, nous sommes transportés au château de Montausier où s'est présenté Jean Peluche, concierge, lequel nous a fait monter au haut dudit château, nous a fait ouverture d'une grande chambre servant de garde-meubles où avons trouvé :

1. Quatorze vieilles chaises garnies de tapisserie. 48 livres.

2. Trois chaises et un banc garnis de tapisserie. 21 livres.

3. Trois chaises fort méchantes et un banc . . . 6 livres.

4. 7. Chaises, tabourets, tables.

8. Trois bois de lits sans fonçailles; y manquent une quenouille et un dossier, le tout fort usé . . . . 12 livres.

9. Un fauconneau de fonte de cinq pieds et deux autres petites pièces de batterie de trois pieds, appelées pièces vertes; plus une méchante pièce de batterie de fer rouillée et rompue à l'embouchure; dont n'a été fait prisée comme faisant partie du château et destinées à la défense d'icelui.

Plus avons trouvé plusieurs papiers épars; lesquels ayant fait visiter ne s'est trouvé aucun contrat d'acquisition ne vente faits depuis le mariage desdits seigneurs duc et duchesse, et desquels n'a été fait inventaire du consentement des parties.

11. Et sommes montés par un degré au haut d'une petite tour où avons vu un orloge avec sa cloche qui n'a été prisée comme faisant partie de la maison.

12. Descendus par ledit degré dans la cuisine : deux landiers de fer fort rouillés . . . . 8 livres.

13. Et de ladite cuisine sommes montés dans un petit cabinet sous la montée de la salle à la cuisine. Un grand coffre avec une serrure sans clef . . . . 4 livres.

14. Dans ce coffre deux méchantes garnitures de lit de nulle valeur.

15. Garniture de lit de serge verte gatée de teignes. 3 livres.

16. Trois pentes de taffetas couleur isabelle usées et déchirées . . . . 6 livres.

17 à 26. Vieux rideaux, tentures et tapis.

Et étant sortis du corps de logis sommes entrés dans la

chambre joignant la chapelle dans laquelle M. Jean Brodin
fait sa demeure.

27 à 36. L'ensemble des estimations du mobilier vieux et
usé. 63 livres 10 sols.

37 à 44. Mobilier d'une chambre à côté . . . . . 51 livres.

45. Dans la boulangerie située proche du grand pont, un
vieux coffre de chêne . . . . 7 livres.

46. Deux brocs à mettre vin, de huit pintes ; un pot à anse
de quatre pintes ; un de deux pintes ; deux buires de six pintes,
trois coquilles et un bassin, pesant le tout 105 livres.

52 livres 10 sols.

47. Dans une chambre à côté, coffre et grande poislonne à
faire lessive.

51. Dans la chambre du menuisier deux coffres.

52. Dans la chambre de travail du menuisier, dans laquelle
sont ses ferrements, un méchant lit . . . . 8 livres.

53 à 57. Tables, chaises, trois lits, etc . . . . . 58 livres.

58. 60. Chambre du geolier, lit, tabourets. 14 livres 5 sols.

61. Dans la chambre basse du logis neuf, couchette et
table . . . . 3 livres.

62. 64. Au haut du degré dans la chambre à main droite,
table et bois de lit. . . . . 22 livres.

65 à 73. Sortis du logis neuf sommes allés en la chambre
du grand pont où loge le suisse, lits, tables, etc.

34 livres 10 sols.

Le lendemain 29, Mathieu Pellard, libraire à Angoulême,
a visité les livres dans une chambre de la petite tour, et les
a prisés selon le catalogue qui demeure joint au présent
procès-verbal à. . . . . 279 livres.

Ce catalogue de 72 numéros contient, comme celui du
château d'Angoulême, des Pères de l'Église en grec et en latin,
des auteurs anciens et des historiens du xvi⁰ siècle. A ces
quatre-vingts ou quatre-vingt-dix volumes inventoriés il faut
ajouter cent soixante-deux petits volumes salis et en partie
mangés par les rats, estimés en bloc 30 livres. On signale

de plus une grande quantité de livres écrits par les protestants, qui défendus et de nul usage ne peuvent servir que pour faire enveloppes et sont estimés au poids . . 30 livres

Ce catalogue étant la dernière des quatre pièces annexées à l'inventaire principal, le tout est paraphé en présence des notaires Ogier et Chuppin par le duc de Montausier et la comtesse de Crussol, et la minute est déposée chez M⁰ Chuppin, qui signe l'expédition.

Une note au bas de la feuille indique que cette expédition a reçu la cote 93 dans l'inventaire à la mort de la duchesse d'Uzès. Elle avait porté la cote 1 à l'inventaire fait en 1690 après la mort du duc de Montausier.

RÉSUMÉ

Si chaque article des inventaires qui précèdent porte son estimation, on y cherche vainement une évaluation générale pour se rendre compte de l'importance du mobilier. Il nous a paru utile de faire ce relevé en le partageant entre quelques catégories d'objets, autant que le permet la variété des meubles qui sont parfois compris dans un seul article. Ces inventaires ne sont d'ailleurs ni rigoureux ni minutieux; beaucoup d'objets de peu de valeur sont laissés de côté. Les vêtements ne figurent qu'exceptionnellement. Il est probable qu'il y avait en 1652 pour plus de 136 livres de linge dans l'hôtel de Rambouillet.

INVENTAIRE DE L'HÔTEL DE RAMBOUILLET EN 1652

Argenterie..........................	15,813	livres.
La chapelle et ornements religieux........	680	—
42 tableaux.........................	506	—
(Celui du martyre de saint Étienne n'est pas évalué.)		
Statuettes et vases....................	807	—
16 tentures de tapisserie, de 25 à 900 livres.	2,294	—
23 garnitures de lit, de 25 à 700 livres....	2,456	—
Meubles divers......................	2,043	—
Linge..............................	136	—
2 chevaux...........................	400	—
2 carrosses	500	—
Total..........	25,855	livres.

Pour comparer cet inventaire aux deux autres il faudrait pouvoir y ajouter celui du château de Rambouillet, qui était alors encore meublé et qui est omis. Le total se rapprocherait alors beaucoup de celui de l'inventaire de 1666.

INVENTAIRE DE L'HÔTEL ET DU CHATEAU DE RAMBOUILLET EN 1666

Argenterie............................			14,577	livres.
Chapelle	à Paris......... 1,840		1,941	—
	à Rambouillet ... 101			
Tableau de saint Étienne......... 1,500				
74 tableaux à Paris.............. 920			2,610	—
15 tableaux à Rambouillet........ 190				
Joyaux et porcelaines.................			2,613	—
Tentures 13 à Paris....... 3,280			6,948	—
et tapisseries 14 à Rambouillet. 3,668				
Tentures de lit 15 à Paris...... 2,125			3,145	—
15 à Rambouillet. 1,010				
Meubles divers à Paris......... 2,674			3,898	—
à Rambouillet.... 1,224				
Linge à Paris......... 457			515	—
à Rambouillet ... 58				
Livres................................			70	—
Vêtements...........................			1,047	—
Ambre gris...........................			150	—
Total..........			37,914	livres.

Sans compter 8,907 livres en numéraire.

INVENTAIRE DE 1671 A PARIS, SAINT-GERMAIN, RAMBOUILLET, ANGOULÊME ET MONTAUSIER

Argenterie	à Paris........... 33,590			
et bijoux	à Saint-Germain... 18,978		52,637	livres.
	à Angoulême 69			
Chapelle	à Paris 1,570			
	à Rambouillet 95		2,473	—
	à Angoulême 808			
A reporter....			55,160	livres

	Report.....	55,120	livres.
Tableaux	18 à Paris.......	1,580	1,721	—
	7 à Rambouillet..	141		
Porcelaines et cristaux à Paris...........	1,270	—
Tapisseries et tentures	24 à Paris........	9,200	18,103	—
	4 à Saint-Germain.	928		
	10 à Rambouillet..	3,305		
	11 à Angoulême...	6,070		
Garnitures de lit	22 à Paris........	14,482	23,838	—
	7 à Saint-Germain.	1,625		
	13 à Rambouillet..	1,715		
	19 à Angoulême...	4,013		
Meubles et tapis	à Paris..........	11,456	15,701	—
	à Saint-Germain...	1,618		
	à Rambouillet.....	962		
	à Angoulême......	1,021		
	à Montausier......	644		
Linge	à Paris..........	560	2,360	—
	à Saint-Germain...	319		
	à Rambouillet.....	10		
	à Angoulême......	1,471		
Vêtements d'apparat	à Paris..........	2,890	3,610	—
	à Angoulême......	720		
Livres	à Paris..........	15,500	17,119	—
	à Angoulême......	1,340		
	à Montausier......	279		
Chevaux	23 à Paris........	2,600	3,600	—
	7 à Saint-Germain.	600		
6 mulets à Rambouillet..........	400		
Carrosses et harnais	à Paris..........	950	1,070	—
	à Saint-Germain...	70		
	à Rambouillet.....	50		
	Total..........	143,502	livres.

Il faudrait maintenant joindre à l'évaluation du mobilier celle de la fortune de ces personnages. Les nombreux papiers inventoriés la montrent fort embrouillée.

Le marquis de Rambouillet reçut de son père avec une belle fortune des dettes et des procès et il entretint toute sa vie les unes et les autres. Après lui sa veuve fit de grand efforts pour mettre de l'ordre dans la fortune de ses filles et paraît y avoir réussi. Au bout de quatorze ans, la plupart des emprunts étaient remboursés et, au moment de sa mort, elle avait une réserve de près de 9,000 livres en numéraire. Dans le partage de son héritage entre la duchesse de Montauzier et la comtesse de Grignan, chacune reçut 545,000 livres, mais dut se charger de la moitié des 137,000 livres des dettes de leur père restant à payer. Pour les remboursements on vendit diverses terres en Anjou.

De son côté le duc de Montausier avait une grande fortune, mais grevée d'anciens procès et de dettes antérieures. Il avait de plus des charges importantes largement rétribuées. Son intendant, Antoine de Bort, estimait son revenu à 114,000 livres sur lesquelles la duchesse recevait chaque mois 4,000 livres pour les dépenses de sa maison [1]. Mais ce philosophe et cette femme d'esprit aimaient le faste et se mettaient peu en peine de maintenir l'équilibre de leur budget. Lorsqu'on n'avait plus d'argent, on empruntait. Cinq ans après la mort de la marquise de Rambouillet, l'argenterie avait doublé de valeur et dans quelques pièces de l'hôtel on voyait un mobilier plus luxueux dont les tentures étaient de velours rouge à galons d'or, et qui étaient estimées 6,000 et 12,000 livres.

Dans l'inventaire de 1671, le duc de Montausier déclare que, outre la vente de 20,000 livres promise à sa fille, la comtesse de Crussol, il doit des rentes à une douzaine de particuliers formant ensemble plus de 20,000 livres par an. De plus, comme il était en retard d'une ou plusieurs années pour

---

[1] Voir ci-dessus, page 32.

payer les arrérages et que d'autres sommes étaient exigibles, il reconnaît devoir plus de 150,000 livres. Enfin, les 4,000 livres reçues chaque mois par Mme de Montausier ne suffisant pas depuis longtemps à la dépense, les mémoires en retard des fournisseurs avaient peu à peu atteint la somme de 80,000 livres. La succession de la duchesse de Montausier se trouvait donc grevée, outre les 400,000 livres promises à Mme de Crussol, de plus de 600,000 livres de dettes.

Après la mort de sa femme, le duc de Montausier se condamna à un deuil lugubre. Sa chambre et son lit étaient tendus de drap noir, et les meubles de bois noir garnis de même drap. On peut croire que, renonçant ainsi au faste, il diminua sa dépense et put s'occuper à amortir ses dettes.

Une autre conclusion qui paraît résulter de ces inventaires c'est que la marquise de Rambouillet était seule douée de goûts artistiques et littéraires. Elle avait rassemblé 354 volumes français, espagnols, italiens et latins. A sa mort, ils furent vendus à un bouquiniste à moins de trois sous le volume. Elle collectionnait des meubles et des étoffes de la Chine, des porcelaines, des cristaux et verreries de Venise, de Florence et de Portugal, des bronzes, des coraux. Elle avait acheté un assez grand nombre de petits tableaux flamands sur bois, si peu appréciés alors qu'ils ne sont estimés que de 10 à 15 livres pièce. Pour le goût comme pour l'entente des affaires elle était de beaucoup supérieure à sa fille.

Une publication du genre de celle-ci serait peu utile si elle n'était accompagnée d'une table des noms de lieux et d'hommes. Nous y avons joint une petite table des principales catégories d'objets mentionnés dans nos inventaires.

PRINCIPAUX OBJETS INVENTORIÉS

Ambre gris, p. 68.
Argenterie, 42, 49, 83, 128, 132, 163.
Armes, 137, 165, 173.
Carrosses et chevaux, 36, 129, 137.

NOMS D'HOMMES ET DES LIEUX

TABLE DES MATIÈRES

Tours, imp. Deslis Frères, rue Gambetta, 6.

www.ingramcontent.com/pod-product-compliance
Lightning Source LLC
Chambersburg PA
CBHW072235270326
41930CB00010B/2134